S. Strauß-Kloebe
Das kosmisch Unbewußte
in der Persönlichkeit

S. Strauß-Kloebe

Das kosmisch Unbewußte in der Persönlichkeit

Geburtskonstellation und Psychodynamik

Schweizer Spiegel Verlag
Raben-Reihe

Raben-Reihe im Schweizer Spiegel Verlag
Herausgeber: Allan Guggenbühl

Mitarbeiter: Erika Gaertner · David Guggenbühl
Judith Knöpfel-Meyer
Elisbeth Rohner · Heinz Staufer · Käthi Zahner

Titel der 1. Auflage:
«Das kosmopsychische Phänomen»
Geburtskonstellation und Psychodynamik
© 1977 Walter-Verlag Olten

Alle Rechte, auch die des auszugsweisen Nachdrucks,
der fotomechanischen Wiedergabe
und der Übertragung in Bildstreifen vorbehalten.

© 1984 Schweizer Spiegel Verlag,
Rämistrasse 18, 8024 Zürich

Herstellung im Druckhaus Rombach+Co GmbH,
Freiburg im Breisgau
Umschlag: Röbi Hess
ISBN 3-7270-1214-5

Inhalt

Vorwort
7

Kurzbiographie der Autorin
9

Die Geburtskonstellation als psychologisches Thema
10

Planeten, Götter und archetypische Dominanten
der Psyche
32

Aspekte oder der instinctus geometriae
(eine Einfügung) 46–49

Lichtwandel im Jahreslauf
und «innerer» Tierkreis
83

Der «Felder»-Kreis der Astrologie –
ein Urmuster der Psyche
131

Die eingeborene seelische Dynamik, dargestellt
am Beispiel der Nativitäten von Goethe und Rilke
152

Vom tiefenpsychologischen Umgang
mit der Geburtskonstellation
174

Die Wirrnis der Tierkreiszeitalter
186

Verzeichnis der Personen,
die zu Konstellationsbeispielen herangezogen wurden
193

Anmerkungen
195

Vorwort

Die folgenden Darlegungen sind der Versuch, ein bedeutsames, menschenkundlich höchst aufschlußreiches Phänomen, das bisher noch nicht tiefenpsychologisch interpretiert wurde, in den Sichtkreis psychologischer Wahrnehmung zu rücken: Die Arbeit will all jenen, die sich um das Erfassen der individuellen Wesensstruktur eines Menschen (auch der eigenen) bemühen, den Zugang zu einer relevanten Lebenswirklichkeit erschließen: der Korrespondenz der kosmischen Geburtskonstellation mit der unbewußten, sich als eingeboren erweisenden Psychodynamik des betreffenden Menschen. Diese eingeborene unbewußte Psychodynamik besitzt lebenslange Konstanz. Sie kennzeichnet das grundsätzlich Einmalige, das Unverwechselbare dieses Menschen. In dieser ihrer Einmaligkeit wurzelt sie nicht in Erbe, Umwelt oder Kindheitserfahrungen, sondern ist Ausdruck des Einbezogenseins seiner menschlichen Existenz in kosmische Gegebenheiten.
Die Entwicklung einer Persönlichkeit steht nicht nur im Prägungsfeld der genannten und bekannten Faktoren – auch nicht nur im Prägungsfeld eines tiefenpsychologisch erfahrbaren persönlichen und kollektiven Unbewußten. Zutiefst bedeutsam für den Menschen ist auch das Vorhandensein eines kosmisch Unbewußten.
Das gängige anthropologische Bild vom Menschen muß als unvollständig angesehen werden! In ihm ist nicht enthalten, daß der Mensch das Lebewesen eines Planeten ist. Ganz selbstverständlich ist er in die Dynamismen der Bewegungsvorgänge der Erde – wie Tagesdrehung und Jahresdrehung mit de-

ren dauernd stattfindendem Lichtwechsel – einbezogen, auch wenn er diese Gegebenheiten als Umweltfaktoren, die auf sein Unbewußtes prägend wirken, nicht zu beachten weiß. Auch die bewegte Welt seiner Planetengeschwister stellt für den Menschen, eben als den Bewohner eines Planeten, «Umwelt» dar.

Tief unbewußt arbeitet der menschliche, leibseelische Organismus die für ihn gegebenen kosmischen Umwelt-Faktoren entsprechend in seine eigne Ordnung mit hinein. Hier ist eine Naturgebundenheit vorhanden, wie andere Naturgebundenheiten auch.

Wir stehen hier in der Aufgabe, jenes Phänomen in den Griff zu bekommen, das den *Hintergrund* der uralten astrologischen Konzeption einer «Gestirneinwirkung» auf den Menschen bildet. Daß diese astrologische Konzeption von der Wissenschaft abgelehnt wird, ist bekannt. Letztere ist aber auch nicht in der Lage, uns zu einem Verständnis jener Erfahrungen zu verhelfen, die der psychologisch gebildete Astrologe und der beobachtende Tiefenpsychologe mit dem ja vorhandenen Wirklichkeitsgehalt der astrologischen Symbole machen konnte und kann. Es ist daher erforderlich, daß die konventionelle Wissenschaft zum Erfassen auch kosmopsychischer Zusammenhänge ihre Grenzen erweitert, da das vorliegende Material nicht mehr ignoriert werden kann.

Ein so hoch integriertes organisches System, wie es der Mensch ist, kann nach einem Wort von Konrad Lorenz mit Hilfe eines lediglich logisch feststellenden und messenden Verfahrens in seinen wesentlichen Wirklichkeiten überhaupt nicht gesehen werden!

Und zu diesen wesentlichen Wirklichkeiten, die im gesamten Mensch-Sein wirksam sind, gehört auch der Kosmos-Psyche-Bezug, zu dessen Interpretation die vorliegende Arbeit dienlich sein möchte.

Kurzbiographie der Autorin

Sigrid Strauß-Kloebe, geb. 1896 in Saarbrücken, Psychotherapeutin, Studium Philosophie, Psychologie, Theaterwissenschaften in München. Erstes Berufsziel: Dramaturgie (Drama als dargestellte Aussage seelischer Konflikte).
1922 Heirat mit Dr. Heinz Arthur Strauß. Zuwendung zum Bereich der Psychologie des Unbewußten, speziell zur Jungschen Typenpsychologie. Die erste schriftstellerische Arbeit, die 1925 veröffentlichte Arbeit über die Gestaltung des «Saturnischen» in Albrecht Dürers Stich «Melencolia I», (Mü. Jhb. f. bild. Kunst) zeigt, daß der Aussagewert des astrologischen Symbols bereits im Blickfeld lag.
1926, zusammen mit H. A. Strauß, Herausgabe von Arbeiten Johannes Keplers zum Thema Kosmos-Psyche: «Die Astrologie des Johannes Kepler». Als H. A. Strauß, im Verlagswesen tätig, die erste Auflage von Richard Wilhelm und C. G. Jung «Das Geheimnis der Goldenen Blüte» betreute (Dorn-Verlag, München 1929), entwickelte sich ein persönlicher Kontakt zu C. G. Jung, auch für Frau Strauß.
Aus der Erarbeitung des tiefenpsychologischen Gehalts der astrologischen Planetengötter ergab sich der Vortrag über «Die psychologische Bedeutung des astrologischen Symbols» für die Eranos-Tagung, 1934 Ascona. Nach Ausbildung zur Psychotherapeutin: Mitarbeiterin an der Poliklinik des «Instituts für Psychotherapie», Berlin, und später des «Zentral-Instituts für psychogene Erkrankungen», Berlin. Seit Anfang der fünfziger Jahre (bis 1972) Lehranalytikerin und Dozentin am «Institut für Psychagogik», Heidelberg.

Die Geburtskonstellation als psychologisches Thema

Unser Thema betrifft das individuelle psychodynamische Strukturiertsein des Menschen von Geburt an – ein Strukturiertsein, das an der lebenslangen Konstanz bestimmter Einstellungen, bestimmter unbewußter Verhaltensweisen erfahren werden kann. Diese angeborenen, tief unbewußten, dennoch individuellen Weisen des So-Seins eines Menschen stehen – wie die Darlegungen aufzeigen werden – in naturgegebener Korrespondenz zu der kosmischen Konstellation seiner Geburtszeit. Darunter ist einmal zu verstehen: die Geburtsstunde, zum anderen aber auch bereits der Tag der Geburt, der nach einem Goethewort «Dich der Welt verliehen». Denn bereits dieser Tag steht, von seiner kosmisch bedingten Spannungsqualität her gesehen, in Zusammenhang mit dem «Gesetz, wonach Du angetreten».
Wenn wir uns diesem heute noch hochtabuierten Thema zuwenden, müssen wir uns allerdings bewußt sein, daß der bisherige Wirklichkeitsbegriff der Naturwissenschaft nur ausschnitthaft anwendbar ist, weil die willkürlichen Begrenzungen, die der Verstand setzt, das Erfassen eines Lebensphänomens unter Ganzheitsaspekt unmöglich machen.
Die alte astrologische Kosmos-Psyche-Konzeption wurzelt in einer ganzheitsbezogenen Welt- und Seinserfahrung des vorrationalen Bewußtseins. Die Erfahrungen dieser Bewußtseinsstufe konnten ihrer Komplexität wegen nur über das Symbol,

nicht über den Begriff ausgesagt werden. Das Symbol «erklärt» nicht. Es ist Ausdruck einer geschauten Erfassung von Gestaltungsmächten des Lebens und der Psyche, die, um sich darzustellen, des Bildes bedürfen. Was uns die alte astrologische Tradition also an Seinserfahrung vermittelt, hat Symbolcharakter.

Wir können hier darauf verzichten, die Möglichkeit eines Kosmos-Psyche-Bezugs als überhaupt vorhanden darzulegen. Bezeugungen dieses Bezugs liegen in ernstzunehmenden Publikationen seit den zwanziger Jahren in völlig ausreichendem Maße vor[1]. Die Orientierungsmöglichkeiten in dieser Frage sind vorhanden. Kaum geboten jedoch sind psychologisch fundierte Gesichtspunkte zum Kosmos-Psyche-Bezug, die den Psychologen veranlassen könnten, die Geburtskonstellation als relevant für psychische Wirklichkeiten ins Auge zu fassen und gar in seine Arbeitswelt einzubeziehen. Es gelingt nämlich nicht, über die zahlreichen astrologischen Lehrbücher eine psychologisch diskussionsfähige Interpretation des Kosmos-Psyche-Bezugs zu erhalten.

Wenn auch die heutige sogenannte «wissenschaftliche» Astrologie auf ihre Art Anschluß an den Bildungsstand unserer Zeit gefunden hat, so hat sie doch die an eine geistige Blütezeit im 15. und 16. Jahrhundert anschließende Verbannung der astrologischen Lehre ins Reich des Aberglaubens nicht verarbeiten können. Sie ist mit ihrer Grundkonzeption durch den Prozeß rationaler Besinnung, den in der Zeit der Aufklärung alle Wissensgebiete zu vollziehen hatten, nicht hindurchgegangen. So unterblieb eine kritische Untersuchung ihrer Grundlagen, eine Bestimmung ihres geistigen Standortes, ein Sichten ihrer Arbeitsbegriffe.

Das astronomisch korrekte Handwerkszeug hat sie sich angeeignet, aber es fehlt ein Wissen um das kosmopsychische Phänomen als solches, vor allem aber ein psychologisch ausreichendes Wissen, das imstande wäre, das astrologische Bemühen auf die Ebene des Verifizierbaren zu heben.

Eine scheinbar gültige Bewertung der astrologischen Vorstellungswelt bieten indessen die Kulturhistoriker an – allerdings nur als Kulturhistoriker. Sie konnten anhand ihres Materials die Haltlosigkeit und Unsinnigkeit astrologischen Glaubens und astrologischer Praktiken feststellen, ebenso wie deren unheilvolle Wirkungen.

Hiermit ist aber das letzte Wort über die Bedeutung der alten astrologischen Grundkonzeption noch nicht gesprochen. Ein neuer Interpret ersteht heute im tiefenpsychologischen Erfahrungswissen unserer Tage. So gebührt das letzte Wort heute nicht mehr dem Historiker, auch nicht dem Astronomen, sondern allein dem Tiefenpsychologen, der durch seine psychologische Praxis imstande ist, die konstanten Wesensmerkmale seiner Patienten, das heißt ihre psychische Konstellation, mit ihrem kosmischen Konstellationsbild zu vergleichen. Solches vermag er freilich nur, wenn er über eine wertgerechte Lesart der Geburtskonstellation gegenüber verfügt. Die folgenden Darlegungen versuchen hierzu die Grundlagen zu bieten.

Wohl haben sich die seriösen Astrologen längst distanziert von Schicksalsprognosen. Aber noch allzugern betonen sie den Zusammenhang zwischen Konstellation und «möglichem» Ereignis oder zwischen Konstellationen und bestimmbaren Charaktermerkmalen. Sie glauben mit ihren Mitteln charakterologisch-gutachtliche Diagnosen anfertigen zu können. Jeder tiefenpsychologisch erfahrene Psychologe, der die

Autonomie der Psyche und die Prozesse der Wandlung kennt, muß solche diagnostischen Aussagen, wie sie der Astrologe aufgrund des Horoskops macht, als in dieser Weise unvereinbar mit der Wirklichkeit seelischen Lebens ablehnen. Die Berechtigung solcher Ablehnung kann erst im weiteren Verlauf der Darlegung deutlich werden.

Dennoch verdanken wir der Astrologie eine tradierte Symbolik von hohem Rang! Und die Frage ist berechtigt, ob die ehemals sogenannte «königliche Kunst» nicht etwa – analog der Alchemie – verborgene Werte in sich trage, die in größerer Tiefe liegen, als die ganze Horoskopstellerei unserer Tage es ahnen läßt. Über die weitverbreiteten astrologischen Spielereien der illustrierten Presse ist hier ohnehin kein Wort zu verlieren.

Weil die Astrologie nicht imstande war und ist, das kosmopsychische Phänomen unter Berücksichtigung der von der Tiefenpsychologie erkannten Eigengesetzlichkeiten der Psyche wirklichkeitsgerecht zu interpretieren, ist bisher ein Brückenschlag astrologischen Symbolwissens zu den menschenkundlichen Disziplinen nicht möglich gewesen. Und so konnte bisher nur ein kleiner Kreis von Tiefenpsychologen aufgrund von Selbststudien die Erfahrung machen, daß *die gegebene Kosmos-Psyche-Entsprechung legitim einer Psychologie des Unbewußten zugehörig ist.*

Wenn nun im folgenden die Entsprechung von kosmischer Konstellation und psychodynamischer Struktur zur Betrachtung steht, so muß zumindest ausgesprochen werden, daß ein solcher Bezug nur ein Teil eines umfassenderen Totalbezugs sein kann, der die Leib-Seele-Einheit umgreift. Hier freilich müssen wir uns darauf beschränken, die psychologische Erfahrung mit dem Geburtsbild in den Mittelpunkt unserer Untersuchungen und Überlegungen zu stellen.

In einem Brief C. G. Jungs an Monsieur Barbault vom 26. Mai 1954[2] findet sich folgender Satz: «Soviel ich beurteilen kann, wäre es zum Vorteil der Astrologie, wenn sie sich über die Existenz der Psychologie Rechenschaft gäbe, vor allem über die Psychologie der Person und des Unbewußten.»

Jung, der in demselben Brief davon gesprochen hatte, daß ihm «viele Beispiele von erstaunlichen Analogien zwischen astrologischer Konstellation und psychischem Ereignis oder zwischen Horoskop und Charakteranlage» bekannt seien, betont also, daß «die Astrologie» offenbar völlig unorientiert sei über die Psychologie der Person und des Unbewußten, von deren Existenz sie sich keine Rechenschaft gäbe. Und dies sagt Jung, obwohl ihm die genannten «erstaunlichen Analogien» bekanntgeworden sind. Für diese Analogien gibt Jung aber eine eigene Erklärung: Das astrologische Phänomen weist auf das Unbewußt-Psychische. «Die Astrologie besteht aus symbolischen Konfigurationen, ebenso wie das Kollektive Unbewußte, mit welchem sich die Psychologie befaßt: Die Planeten sind die ‹Götter›, sind Symbole der Mächte des Unbewußten.»

Im Kollektiven Unbewußten sind für Jung die Gesamtheit aller Archetypen enthalten, jener erfahrbaren, aber unanschaulichen urtypischen Bereitschaften und Kraftfelder der Psyche, die, wenn sie aktiviert werden, eine anordnende Funktion ausüben. Eine solche anordnende Funktion haben offenbar auch die «Planeten» als Mächte des Unbewußt-Psychischen.

In den von Jung festgestellten Analogien bieten Kon-Stellationen im Außen und die Konstellation der anordnenden archetypalen «Planeten»-Mächte in der Psyche ein Beispiel für das von Jung aufgefundene Phänomen der Synchronizität, das heißt der Erscheinung sinnvoller Zufälle. Es zeigt sich bei der Untersuchung von Synchronizitätsereignissen, daß in ihnen die Tatsachen der materiellen Welt und Tatsachen der innerseelischen Welt unter einem Sinn-Aspekt vereint auftreten können.

So sind nach Jung auch die festgestellten Analogien zwischen himmlischer Konstellation und psychischem «Ereignis» keinesfalls kausal, das heißt nicht über Regelhaftes zu interpretieren. Solche Aussagen Jungs können von den tiefenpsychologisch nicht vorgebildeten Astrologen in ihrer Tragweite nicht verstanden werden, stellen sie doch die Grundlagen der üblichen astrologischen Praxis in Frage. Sie verneinen die astrologische Auffassung von primärer Machtvollkommenheit der kosmischen Konstellation als solcher.

Die Aussagen Jungs stellen aber auch Bemühungen in Frage, wie sie viele Jahre hindurch das Institut für Grenzgebiete der Psychologie und Psychohygiene (Prof. Bender, Freiburg i. Br.) angestellt hat, um den Wirklichkeitsgehalt der Astrologie zu erschließen: Es wurde dort über lange Zeit mit vielen Vertretern der «wissenschaftlichen» Astrologie experimentiert, um Unterlagen zur Beantwortung der Frage zu erhalten, ob das Horoskop ein nach astrologischen Regeln deutbares Diagramm der Anlagen eines Menschen sei.

«Wäre dem tatsächlich so», äußerte sich Prof. Bender in einem Kongreß-Referat in der Keyserling-Gesellschaft, Wiesbaden[3], so «hätte die Charakterologie ein – rational allerdings nicht verständliches – Mittel, Anlagen ‹direkt› zu erfassen, die sie sonst nur aus den lebensgeschichtlich gewordenen Verhaltensformen und Eigenschaften erschließen kann.» Er fügt hinzu, daß diese Frage nur durch eine mittels exakter Methoden durchgeführte Bewährungsprobe entschieden werden könne.

Trotz beachtlicher Teilergebnisse solcher Bemühungen ist dieser Entscheid bis heute noch nicht möglich gewesen. Es kann auch nicht erwartet werden, daß die Frage auf diesem Wege beantwortet werden kann, weil der Ansatz «Diagramm der Anlagen», die nach astrologischen Regeln zu ermitteln wären, dem vorliegenden Phänomen nicht adäquat ist.

Der Begriff der Anlage schließt in diesem Zusammenhang fraglos etwas durch Merkmale fest Umreißbares ein, da angenommen wird, Horoskop-Aussagen zur Anlage-Erfassung könnten Bewährungsproben unterworfen werden. Kausalitätsdenken ist jedoch dem hier zu fassenden Lebensphänomen gegenüber nicht angemessen. Der Kosmos-Psyche-Bezug vollzieht sich in einer anderen Dimension und muß mit Mitteln, die eben dieser Dimension entsprechen, untersucht werden. Einer solchen Untersuchung müssen wir uns im folgenden widmen.

Von tiefenpsychologischer Sicht her sind, mit Jungs Worten, die Planeten «Götter», Symbole von Mächten des Unbewußten. Sie sind jedenfalls keine psychologischen Rechenpfennige, mit denen experimentiert werden kann [4]. Wie Jung nachgewiesen hat, wurzeln Symbole im archetypalen Bereich der Psyche. Archetypen sind in seiner Definition autonome, unanschauliche, aber in ihrer Seinsweise konstante Elemente der unbewußten Psyche, und zwar autonome Elemente, die in der tiefenpsychologischen Praxis an ihren determinierenden Wirkungen auf das Bewußtsein erfahren werden können. Im Symbol werden sie bildhaft.

Es wird sich ergeben, daß wir mittels der Hypothese Jungs, die astrologischen «Planeten» seien Symbole von Mächten des Unbewußten, seien unanschauliche, anordnende, archetypale Faktoren, für die Lesung einer Nativität[5] einen sicheren Boden zu gewinnen vermögen. Es wäre dagegen unnütz, wollten wir versuchen, durch verbesserte Methoden jene genannten Teilergebnisse einer astrologischen Diagnose, die durch experimentell-charakterologische Versuche erbracht werden konnten, zu steigern.

Da es in der Frage gültiger Nativitätslesung so letztlich auf den sachgerechten Ansatz ankommt, muß hier betont festgestellt werden, daß beim tiefenpsychologischen Umgang mit der Nativität keine charakterologischen Aussagen erstrebt werden können.

Mit charakterologischen Aussagen sind in diesem Zusammenhang Feststellungen von Eigenschaften eines Menschen und diagnostisch greifbare Verhaltensformen gemeint. Der Astrologe glaubt, die Nativität (mit ihrer einmaligen Gruppierung von Sonne, Mond und Planeten und deren Position in den 12 Tierkreiszeichen und sog. «Feldern») zu solchen Aussagen heranziehen zu können. Er kommt aber über eine begrenzte Anzahl von Treffern nicht hinaus, das heißt, er gelangt in seinen Aussagen nicht auf eine standfeste Basis. Denn was an einer Geburtskonstellation zu fassen ist, verläuft unterhalb von Eigenschaften und charakterologischen Ausformungen.

Meint ein charakterologisch arbeitender Astrologe, aus der Konstellation etwa auf vorhandene Unbeherrschtheit oder auf Selbstüberschätzung, auf Gefügigkeit oder auf Kontaktschwierigkeiten schließen zu können, so kann der Tiefenpsychologe entgegenhalten, daß solche Haltungen durch psychotherapeutische Arbeit aufzulösen sind, also doch wohl nicht als Charaktermerkmal aus der Geburtskonstellation erschlossen werden können.

Eine dynamische Charakterologie kennt freilich auch ein Arbeiten mit sogenannten typischen Verlaufsgestalten. Eine typische Verlaufsgestalt bei einem Menschen wäre etwa, daß bei ihm sich Partnerschaften nach einiger Zeit immer wieder auflösen. Auch derartige Angaben glaubt der Astrologe aus kosmischen Positionen in der Geburtskonstellation machen zu können. Aber auch solche scheinbar zwanghaften Abläufe sind tiefenpsychologischer Bearbeitung zugängig.

Der Astrologe versucht also auch hier, Dynamismen, die in der seelischen Struktur des Nativitätsträgers gegeben sind und deren Ausformungen nicht festlegbar sind, zu konkretisieren. Dem tiefenpsychologisch Arbeitenden sind aus seiner Kenntnis des Organismus der Seele heraus andere Voraussetzungen dem vorliegenden Phänomen gegenüber gegeben. Für ihn kommt es nun aber darauf an, das sehr besondere Wesen des astrologischen Symbols kennenzulernen.

Jedes der Planetensymbole weist auf einen archetypischen unanschaulichen Bedeutungskern, was aufzuzeigen sein wird. Diese Symbole fassen also Tieferes und Untergründigeres, als man horoskopierend aus ihnen herauszulesen pflegt. Sie fassen, als lebende Symbole, autonome Aktivitäten der unbewußten Psyche, die durch psychologisierende «Entsymbolisierung» nicht gesehen werden können.

Bei dieser Sachlage führt es nicht weiter, wenn die Astrologen, wie Jung es vorgeschlagen hat, sich um die Psychologie des Unbewußten kümmern würden, denn sie wären damit überfordert. Vielmehr ist dem Tiefenpsychologen aufgegeben, sich aus seiner Kenntnis der Aussageweise des Symbols um den Gehalt des astrologischen Symbols und seines archetypischen Hintergrunds zu bemühen.

Nun betrifft der Begriff des Archetypus nach einer Jungschen Hypothese nicht nur Psychisches, sondern er berührt (was gerade im astrologischen Zusammenhang höchst bedeutungsvoll ist) auch die materiell-stoffliche Welt: Aus der Existenz der Synchronizitätsphänomene ergibt sich, daß der anordnende Archetyp auch mit Nicht-Psychischem in Beziehung steht, das heißt, er besitzt einen – wie Jung ihn nennt – psychoiden Aspekt. In diesem zeigen sich psychische wie materielle, so auch physikalisch-energetische Fakten vereint.

Dem Tiefenpsychologen, dessen Blickfeld oft zu ausschließlich von den Vorgängen im psychischen Feld bestimmt ist, wird es heute noch schwerfallen, eine Region zu betreten, in welcher Elemente der materiellen Welt und der Innenwelt vereint sind. Er wird aber nicht mehr um die Erkenntnis herumkommen, daß Gesetze der unbelebten Natur und die Ordnungen der Seele in einem Bezug stehen, der aus einer beide überwölbenden einheitlichen Seinsordnung stammt[6]. Es besteht für ihn die reizvolle Aufgabe, wahrzunehmen, daß sich in der jahrtausendealten Lehre der Astrologie (abgesehen von dem Überlieferungsbild heutiger Astrologie) ein Erfassen von Ordnungselementen der Psyche niedergeschlagen hat, denen eben diese Einheit zugrunde liegt. Das astrologische Symbol ist ein geradezu klassisches Beispiel für die Jungsche Hypothese vom psychoiden Aspekt des Archetypus.

Jedenfalls ist vor allem der Tiefenpsychologe und der Psychotherapeut heute von mehreren Seiten her daraufhin angesprochen, sich über den astrologischen Sachverhalt zu informieren: einmal weil Symbolwelten ihn ohnehin angehen – ferner, weil Steuerungen, die aus unbewußten Strukturen stammen, ihm bekannt sein sollten.

Ins Gewicht fällt aber auch folgende Möglichkeit: Im Bereich unserer psychotherapeutischen Arbeit geschieht es heute doch häufig, daß ein Analysand ganz selbstverständlich Bezug nimmt auf seine Geburtskonstellation, um eine Lebenssituation aus Gegenwart oder Vergangenheit zu erklären oder um ein Nichtbewältigen zu motivieren. Seiner Überzeugung nach spielt zum Beispiel die Position des «hemmenden» Saturns in seinem Horoskop, etwa ein Saturn-Aspekt zur Venus, eine ihn belastende Rolle. Er macht diesen Aspekt für Konflikte in seinem Gefühlsleben verantwortlich. Vielleicht erklärt der Analysand auch nur, es würde durch die Konstellation eine Konfliktmöglichkeit angezeigt. Aber auch die Feststellung solcher Möglichkeit belastet ihn.

Oder aber der Patient ist der Ansicht, daß wegen gewisser, ja unabstellbarer Konstellationen, die das Horoskop zeigt, diese oder jene Lebenslage nicht wirklich bewältigt werden könne.

Der Analytiker kann eine solche Berufung auf kosmische Autorität nicht akzeptieren. Schließlich arbeitet er dauernd im Kontakt mit Wandlungsprozessen beziehungsweise mit der schöpferischen Autonomie der Psyche. Das fixierende Element der «Bedeutung» einer kosmischen Konstellation für den Analysanden muß er, als dem Individuationsgeschehen inadäquat, ablehnen. Was kann er jedoch seinem Analysanden sagen, zumal wenn dieser sich auf das sorgfältig ausgearbeitete Horoskop eines sozusagen anerkannten Astrologen bezieht? Der heutige analytische Psychologe weiß, daß Jung die Astrologie dem Phänomen der Synchronizität zugeordnet hat. Er weiß auch, daß Jung die Astrologie eine ältere Schwester der Psychologie genannt hat, durch die quasi die Summe aller psychologischen Erkenntnisse des Altertums vermittelt wurde. Freilich wurden diese Erkenntnisse damals an den Himmel projiziert.

Er kennt die spätere These Jungs, daß sich in den astrologischen Planetensymbolen bestimmte Dominanten des Unbewußten aussagen, zur Welt der Seele gehörig und auf Archetypen hinweisend. Aber was kann er im praktischen Fall davon dem Patienten anbieten? Ihm fehlt dem astrologischen Material gegenüber die Orientierung, und daher dem Patienten gegenüber die Verfügung über angemessene tiefenpsychologische Richtigstellungen.

Das Fatale für den streng psychologisch Denkenden ist, daß, durch ausreichende Erfahrung verifiziert und abgesehen von aller Projektion, die Planeten mit hinein gehören in den Kosmos-Psyche-Bezug, und zwar als Wandelsterne in ihren kosmischen Läufen. Der Patient «weiß» um diese De-facto-Beteiligung des «Außen». Daher nimmt er eine Erklärung seiner Konstellations-Überzeugung als Projektionsleistung (was sie natürlich *auch* ist) und als Ausweichen (was sie ebenfalls ist) nicht ab. Der analytische Psychologe seinerseits lehnt es wiederum ab, sich «auch noch um Astrologie kümmern zu sollen». Er lehnt es ab nicht nur im Gleichschritt mit heute noch gültigen wissenschaftlichen Meinungen, sondern auch dann, wenn er eine Aussagemöglichkeit mittels des astrologischen Symbolgutes für möglich hält. Jedoch erlebt er laufend, daß die Befassung mit Horoskopie die Menschen veranlaßt, die Situationen und Ereignisse ihres Lebens immer in Zusammenhang mit planetaren Konstellationen zu sehen, das heißt, alles

Erlebte abzuleiten in das Bewußtsein einer Konstellation. Dadurch entziehen sie sich der Tiefe des Erlebens und der sinnvollen Bezogenheit der Geschehnisse auf das eigne Innere. Und damit entziehen sie sich menschlicher Reifung.

Durch derartige Beschäftigung mit kosmischen Konstellationen wird eine ohnehin in der Menschennatur waltende Neigung, von sich wegzusehen und eigne Schwierigkeiten dem Außen anzulasten, statt die inneren Voraussetzungen ins Auge zu fassen, gefährlich unterstützt.

Schließlich und endlich ist es für den psychologisch Arbeitenden aber auch noch äußerst schwer, zu versuchen, sich durch die gehobene astrologische Literatur selbst einen Weg zu bahnen – einen Weg, der ihn zu tiefenpsychologisch zu bejahenden Sichten und zu positiv einzuschätzenden Hilfen für seine Arbeit führen kann. Wohl kann er zu dem vierbändigen Werk der «Astrologischen Menschenkunde» von Thomas Ring greifen, das zur astrologischen Frage geistige Grundordnungen vorlegt und in eine symbolische Formenlehre einführt. Um aber von diesem umfangreichen Werk jene Anregung und jenen Nutzen ziehen zu können, die es zu geben fähig ist, muß der tiefenpsychologisch Arbeitende ein seiner Arbeit adäquates Verhältnis zum Wirklichkeitsgehalt der astrologischen Materie bereits gefunden haben. Denn der Schwerpunkt dieses Werkes liegt im charakterologischen Bereich. Der interessierte Psychologe müßte also über eine tiefenpsychologische Lesart der Nativität bereits verfügen können. Er müßte bereits wissen, daß aus der Geburtskonstellation auf keine charakterologischen Faktoren geschlossen werden kann, daß diese aber die psychodynamische Struktur des Geburtsbildträgers zu spiegeln vermag.

Ein solches Wissen muß also erworben werden. Auf dem Wege dorthin müssen wir nun zunächst das psychologische Terrain verlassen und uns den astronomischen Fakten eines Horoskops zuwenden.

Die im Schema des sogenannten Horoskops aufgezeichnete Geburtskonstellation zeigt bekanntlich die astronomischen Positionen von Sonne, Mond und Planeten an einem bestimmten Tag, in einem bestimmten Augenblick, gemessen auf der Ekliptik, dem Kreis der scheinbaren Sonnenbahn, und bezogen auf den Ort der Geburt.

Die Ekliptik, das heißt die scheinbare Kreisbahn, die die Sonne im Laufe eines Jahres am Himmelsgewölbe beschreibt, wurde seit alters in 12 Abschnitte von je 30 Grad eingeteilt. Diese Abschnitte kennen wir als die 12 Tierkreiszeichen. Vier feste Bezugspunkte auf diesem Kreis sind durch den Sonnenlauf gegeben: die 2 Tag- und Nachtgleichen (0 Grad «Widder» und 0 Grad «Waage») und die 2 Sonnenwenden (0 Grad «Krebs» und 0 Grad «Steinbock»).

Die Ephemeride[7], aus der die Positionen von Sonne, Mond und Planeten entnommen werden, gibt für ein gewünschtes Datum auch deren Stellung im jeweiligen Tierkreisabschnitt an, bezogen auf den Null-Meridian von Greenwich und bezogen auf Mittag oder Mitternacht.

Alle Planeten sind Mitglieder unserer Sonnenfamilie. Sie sind Himmelskörper, die sich in unserer kosmischen Umwelt bewegen. Seit dem Betreten des Mondes durch Menschen und dem Eintreffen von Sonden auf Planeten kann man sie sogar als Himmelskörper unserer «näheren» kosmischen Umwelt bezeichnen. Die Fixsterne, denen wir in den *Sternbildern* entlang der Ekliptik begegnen, sind unvorstellbar weit von unserem Sonnensystem entfernt. So braucht das Licht des Fixsterns Kastor aus dem Sternbild «Zwillinge» 45 Lichtjahre, um uns zu erreichen – der funkelnde Algol aus dem Sternbild «Stier» weit über 100 Lichtjahre.

Dagegen erreicht uns das Licht des sonnenfernen Planeten Neptun in einigen Stunden. Dies sei erwähnt, weil die Fixsternwelt in unser Thema nicht einzubeziehen ist, *da nur das Sonnensystem als unsere kosmische Umwelt im astrologischen Symbol seinen Niederschlag gefunden hat, die «Tierkreiszeichen» als Sonnenbahnsymbole eingeschlossen.*

Die Planeten unseres Sonnensystems gehören also zu unserer näheren Umwelt. Die Erde ist ein Glied unseres Sonnensystems. Sie spielt mit im Gesamtbewegungsspiel dieses Systems, das angesichts seiner Bewegungsabläufe als ein gewaltiges dynamisches System angesprochen werden muß. *Wir als Erdbewohner sind – in welchem Ausmaß und in welcher Weise auch immer – in dieses dynamische System einbezogen.* Untersuchungen über sogenannte Einwirkungen von Planetenständen auf Sonnenflecken, dann von Sonnenflecken auf Erscheinungen biologischer Art gibt es seit Jahrzehnten [8].

Max Knoll, Professor für Elektrotechnik, führte auf der Eranos-Tagung, Ascona 1951, aus, daß sich zwischen der Kurve der erdmagnetischen Störungen und der Mortalität Beziehungen feststellen lassen, welche auf den Einfluß planetarer Aspekte (z. B. Konjunktion, Opposition, Quadrat) hinweisen. Dazu kommentierte auf derselben Tagung C. G. Jung, es komme hier also eine kausale Beziehung in die astrologische Frage hinein, also Naturgesetzhaftes, welches die in dieser Frage von ihm angenommene Synchronizität ausschließe beziehungsweise einschränke [9].

Aus dem Horoskopschema, in welches die Positionen von Sonne, Mond und Planeten zur Zeit einer Geburt eingetragen werden, ist ersichtlich, was auch bereits beim Blick in die Ephemeride festgestellt werden kann, daß jedes der Gestirne, Planeten wie Sonne und Mond (bezogen auf die Erde als Mittelpunkt), mit jedem der anderen Gestirne einen Winkel bildet [10].

In der astrologischen Aspektenlehre werden nur solche Winkel als «wirksam» gewertet, die einer geometrischen Ordnung entsprechen. Es sind dies Winkel von 30 Grad und dem Mehrfachen davon. Auch die Konjunktion gilt als Aspekt.

Nehmen wir nun einmal an, der Astrologe stelle anhand einer errechneten Geburtskonstellation fest, daß ein Konjunktionsaspekt der Planeten Mars und Merkur besteht [11]. Bis hierher bewegt sich der Astrologe korrekt im Rahmen astronomischer Gegebenheiten.

Nun aber macht der Astrologe einen abenteuerlichen Sprung: Er versucht, die «Bedeutung» dieses Mars-Merkur-Aspektes für den Geburtsbildträger auszusagen. Beim ersten Wort dieses Versuchs redet er auf einmal nicht mehr vom Planeten Mars und dem Planeten Merkur, sondern – mit Worten von Paracelsus – von einem «inneren» MARS und einem «inneren» MERKUR.

Paracelsus hatte betont, daß ein Arzt davon Kenntnis haben müsse, daß Sonne, Mond und Planeten wie auch alle Tierkreiszeichen ihren Ort *im* Menschen hätten [12]. Wir können diese seine Aussage heute verstehen als Ausdruck seiner Zeit für (ihm erfahrbar gewordene) steuernde Instanzen im Unbewußten des Menschen.

Jedenfalls setzt der Astrologe eine Verbindung zwischen den

Planeten Mars und Merkur und entsprechenden Instanzen in der Psyche voraus. Und so redet er deutend vom «inneren» MARS und vom «inneren» MERKUR, die in einer Konjunktion ein innerseelisches Zusammenspiel vollziehen. Er sagt etwa, die kosmische Mars-Merkur-Konjunktion bewirke beim Geburtsbildinhaber eine aggressive Denkart oder eine aggressive Sprache. Aggression wird hier assoziiert zum Symbol MARS; und Sprache wie Denken werden assoziiert zum Symbol MERKUR. Es wird hierbei etwa verwiesen auf die Mars-Merkur-Konjunktion zur Zeit der Geburt von Bert Brecht, dessen angreiferisches Schrifttum, dessen provozierende Gedankengänge ja bekannt sind.

Oder der Astrologe deutet einen Mars-Merkur-Aspekt als Gabe eines scharfen, eindringenden, analytischen Verstandes, vorausgesetzt, daß keine dem widersprechenden Konstellationen vorhanden sind. Und auch dafür findet er Beispiele: Im Geburtsbild von Sigmund Freud, dem Schöpfer der Psychoanalyse, findet sich der Trigonalaspekt zwischen Mars und Merkur.

Der Astrologe kann sogar auf Johannes Kepler verweisen, der im 4. Buch seines bekannten Werkes «Harmonices mundi» den inneren MARS ebenso übersetzt und ihn mit größter Selbstverständlichkeit auf den äußeren Mars bezieht.

Kepler erwähnt dort seine «Erfahrung», daß MARS «viel hilft nicht nur zur Erlangung von Betriebsamkeit, sondern auch zur Erlangung von Geistesschärfe... Werden doch die bedeutendsten Vertreter der Naturwissenschaft und der Medizin unter geeigneten Aspekten des Mars mit der Sonne und dem Merkur geboren.» Er spricht hier also aufgrund eigener Beobachtungen davon, daß der Planet Mars, beziehungsweise eine

Aspektbeziehung zwischen Mars und Sonne oder Mars und Merkur, viel dazu «hilft», daß sich im Menschen (in dessen Geburtsbild eine derartige Konstellation gegeben ist) etwa die Gabe der Geistesschärfe beziehungsweise das Vermögen, in eine Materie mit Scharfsinn einzudringen, zu entfalten vermag. Mars, der Planet mit dem rötlich funkelnden Licht, MARS, der Kriegsgott der antiken Welt, dessen Attribut das Schwert ist, zu dem mühelos Schärfe und «Eindringen in etwas» assoziiert werden können – also Planet und Symbol der Seele werden in Keplers Aussage zusammengesehen.

Wir wissen, dies ist die Denkart der Astrologie von ihrem Grunde her. Allerdings begnügen sich die Astrologen nicht mit der Keplerschen Formulierung des «Vielhelfens», sondern sie gehen den Weg der aussagbaren Bedeutung einer Konstellation, jenen Weg, auf dem die vielen berühmten Treffer liegen. Dennoch ist dies nicht der Weg, auf dem wir weitergehen dürfen. Denn diese Lesart von Planetensymbolen verfehlt das Wesen des Symbols. Und sie verfehlt auch die Dimension des Funktionshaften, in der die Kosmos-Psyche-Bezüge, die wir zu erkennen suchen, für uns faßbar werden können.

Dennoch muß hier ein bewunderndes Wort für die Astrologie gesagt werden: sie hat mit der Überlieferung der Korrespondenz von «äußerem» Mars und Merkur mit dem «inneren» MARS und MERKUR und all der anderen Korrespondenzen durch die Zeiten der Unvorstellbarkeit solcher Bezüge durchgehalten bis zur Gegenwart. Heute steht sie de facto vor einem Anschluß an die neuesten Denkmodelle des Seins. Jung hat mit zunehmender Erfahrung immer wieder darauf hingewiesen, daß in der unbewußten Psyche, im archetypischen Bereich, ein Faktor angenommen werden muß, der die Brücke von der Psyche zur materiell-stofflichen Welt bildet. Archetypen sind gemäß einer Jungschen Interpretation strukturierende Ordnungselemente des Lebens überhaupt, ja letztlich Zeugnisse einer allgemeinen Ordnung des Kosmos, die Materie und Geist in gleicher Weise umfaßt. Der Archetyp besitzt auch eine Naturgrundlage.

Diese Archetypendefinition trifft voll und ganz auf die Anordner-Qualität zu, die am astrologischen Planetensymbol erfahren werden kann. Wie ich anderenorts eingehender darzustellen versuchte[13], kann uns im Umgang mit dem Planetensymbol die Einheit des Seins, in der Materie und Psyche sich untrennbar verbunden zeigen, in besonderem Maße anschaulich werden.

Und so müssen wir vorerst einmal als Hypothese setzen: Es handelt sich beim astrologischen Phänomen zum einen um ein machtvolles Außen, um kosmische Dynamik als Umwelt, in die der unbewußte leibseelische Organismus in seiner Erdgebundenheit seit je einbezogen ist. Zum anderen handelt es sich um ein machtvolles Innen, um lebendige, höchst komplexe Korrespondenzen unseres Tiefenwesens, welches kosmisch Gegebenes in eigne Lebensordnungen hineinzunehmen weiß. Mit anderen Worten: *Wir haben es zu tun mit der Autonomie und Eigengesetzlichkeit der unbewußten Psyche, die, eingebettet in die kosmische Umwelt, ihre mannigfaltige, unbegrenzbare Lebenswelt gestaltet, indem sie auch kosmische Impulse hineinverwandelt in die Welt eigener Ordnung.*

Eine erste Brücke des Verstehens solcher Zusammenhänge hatte uns Johannes Kepler gebaut, der im Laufe seines Lebens mehrfach auf die Erfahrbarkeit einer Entsprechung von planetarem Aspekt und seelischem Verhalten hingewiesen hat[14].

Wieso, fragte Kepler, wirken kosmische Aspekte auf die Seele? Ein Aspekt ist doch nichts anderes als eine Relation. Anders gesagt, er ist etwas Geometrisch-Formales. «Die Aspekte, von denen wir sprechen, sind auf der Erde und sind reine Figur.» Aber die menschliche Seele besitzt einen Instinctus geometriae: und so wirken die Aspekte der Planeten nicht durch eigene Aktivität, sondern nur über die aufnehmende Seele.
Die Elemente urbildlicher Harmonien, Symmetrien, Proportionen sind der Seele eingeboren.
«Sie sind selber Seele», sagt Kepler. Die Seele sei nicht Abbild solcher Urmuster. Sie sei selber Urmuster. Dies aber könne der Mensch nicht rational erfassen. Jedes Lebewesen, sowohl Mensch wie Tier, trüge dieses Urbildhafte in sich. Für ihn ist also ein Bezug zwischen Konstellation und Psyche durch den anordnenden Archetypus der Geometrie gegeben. Oder, wie der Physiker Wolfgang Pauli über die Keplersche Auffassung astrologischer «Wirkungen» sagt [15]: Die Ursache liegt «in den Einzelseelen mit ihrem auf gewisse Proportionen spezifisch selektiven Reaktionsvermögen».
Diese Keplersche Hypothese ist der Versuch, die sehr komplexe Relation zwischen Gestirn und Psyche wenigstens teilweise verständlich zu machen. Natürlich bietet ein solcher Versuch noch keine «Erklärung» der Zusammenhänge.
Im Rahmen unseres Fragenkreises sind Erklärungen auch gar nicht möglich. Ein Beschreiben der Phänomene wird noch durchaus im Vordergrund unserer Bemühungen stehen müssen. Keplers Hypothese kann uns aber nicht gleichgültig sein, da er mit seiner Vorstellung vom «eingepflanzten» geometrischen Urvermögen der Seele auf archetypisch Anordnendes im Kosmos-Psyche-Bezug hingewiesen hat.

Galten die Keplerschen Überlegungen einem Walten archetypischer Gestaltungsfaktoren in der Psyche überhaupt, so muß es unsere Aufgabe sein, zu untersuchen, wieso die Aspekte wahrnehmende Seele «Eigenarten» der aspektbildenden Planeten zu unterscheiden und zu bewerten vermag, von welchen seelischen Vollzügen die Bildhaftigkeit der einzelnen Planetensymbole kündet.

Wir stoßen hierbei unausweichlich auf bestimmte Funktionswerte, die das einzelne Planetensymbol zu repräsentieren imstande ist, wenn man seine ihm innewohnende Dynamik ins Auge faßt.

Das lebendige Symbol besitzt immer auch einen dynamisch-energetischen Faktor, der an der Art seiner Wirksamkeit auf die Psyche zu erkennen ist. Das heißt im Falle unserer kosmopsychischen Symbole SATURN oder MARS oder MERKUR usf., daß ein ganz bestimmtes dynamisches Gerichtetsein, eine bestimmte Funktionsweise des «Saturnischen» oder des «Marshaften» oder des «Merkurischen» sich unwechselbar und beschreibbar einem Erfassen anbietet.

Es lag wohl an den allzulange festgefügten Vorstellungen von schicksalbestimmenden oder ereignisseschaffenden Gestirnen, daß der funktionale Aspekt des Kosmos-Psyche-Bezugs auch von seiten der astrologischen Autoren erst vor einigen Jahrzehnten aufgegriffen wurde.

Die Tiefenpsychologie arbeitet seit langem bei der Beschreibung psychischer Vorgänge mit Begriffen einer Energetik der Seele. Sie betont dabei ausdrücklich, daß nur Analogien zu physikalischen Energiebegriffen gemeint sein können. Dennoch wird heute von verschiedenen wissenschaftlichen Seiten auch auf die Möglichkeit einer hintergründigen Verbundenheit von physikalischer und psychischer Energetik hingewiesen. In diesem Sinne vertrat C. G. Jung in seinen späteren Jahren aufgrund seiner Erforschung des kollektiven Unbewußten den Einheitsaspekt des Seins. Das Wesen der Psyche müsse in engstem Zusammenhang verstanden werden, nicht nur mit den physiologischen, sondern auch mit physikalischen Phänomenen [16].

Der Psychologe jedenfalls, der in der Lage ist, die psychisch-dynamische Struktur eines Menschen in Vergleich zu setzen zu den Konstellationen seines Geburtsbildes, arbeitet im Bereich eines solchen Zusammenhangs. Ob er für diesen eine Erklärung besitzt oder nicht, er kann die Korrespondenzen zwischen der seelischen Energetik im vorliegenden Fall und den Dynamismen, in den «Wirkungsweisen», die den Planeten seit jeher zugeschrieben werden, nicht verkennen.

Freilich wird der für astrologische Symbolik sich Interessierende nicht sofort die dynamische Komponente eines Planetensymbols wahrnehmen. Vielmehr drängt sich ihm zunächst die Fülle der Lebenserscheinungen auf, die seit alters dem «Wesen» des einzelnen Planeten zugeordnet wurden und werden. Wenn wir aber durch all diese Zuordnungen hindurch die psychodynamischen Stellenwerte der einzelnen Planetensymbole nicht zu fassen bekommen, können wir niemals den «abenteuerlichen Sprung» der Astrologen von den Gestirnen zu den bunten Bildern der Planetensymbole abstellen.

Planeten, Götter und archetypische Dominanten der Psyche

Fragen wir zunächst einmal: welche Aussagewerte knüpfen sich an die überlieferten Bilder der Planeten? Auf welche seelischen Potentiale weisen sie hin?
Um das einzelne astrologische Planetensymbol rankt sich seit alters ein unbeschreiblicher Reichtum an Bildern und Zuordnungen, die einem Entsprechungserleben der Seele entstammen. Das Mittelalter, sofern es die Welt noch als Einheit, als ein universales Beziehungsganzes zu sehen vermochte, erlebte in den vielerlei Erscheinungsformen des organischen wie des anorganischen Lebens, in Metallen und Edelgestein wie in Gestalten der Tier- und Pflanzenwelt, bestimmte planetare «Wesenheiten» als diesen Dingen und Lebewesen innewohnend. So verkörperten die klugen, listigen und beweglichen Tiere das Wesen des MERKUR [17]; die lieblichen und anmutigen Tiere das Wesen der VENUS; die nächtlichen und unheimlichen Tiere das Wesen des SATURN. Vor allem aber nahm man das Wesen eines Planeten in bestimmten Menschentypen und deren Lebensformen wahr. Ein solches schauendes Wahrnehmen kann man etwa mit der Weltsicht des homerischen Griechen vergleichen, der in jeder Erscheinung und in jeder menschlichen Handlung den Gott erkannte, der sich in dieser Erscheinung bezeugte. Solche Erlebnisart bezieht das Archetypale mit ein.
In ähnlicher Weise «wußte» der von makro-mikroskopischen

Zusammenhängen überzeugte mittelalterliche Mensch, in welchen Lebenserscheinungen, in welchen Seelenzuständen der SATURN, der MARS, die VENUS sich bekundeten.

Von den sehr alten wenig differenzierten Zuordnungen, wie sie vom Mittelalter her teilweise auch noch in den heutigen Lehrbüchern der Astrologen angeführt werden, seien die folgenden in Auswahl genannt:

zu SATURN: Unglück, Behinderung, Krankheit, Trägheit, Melancholie, schmutzige und mühsame Berufe...

zu JUPITER: Fruchtbarkeit, Erfolg, Recht, Ordnung, Regentschaft...

zu MARS: Wagemut, Streit, Mord, Krieg...

zu VENUS: Glück, Liebe, Schönheit, Eitelkeit...

zu MERKUR: Verstand, Geschicklichkeit, Handel, Wissenschaften...

zu SONNE: Kraft, Glanz und Ehren, Gesundheit...

zu MOND: Vergänglichkeit, Unbeständigkeit, das ereignisauslösende Moment.

Es dauerte in neuerer Zeit verhältnismäßig lange, bis von Astrologen versucht wurde, aus der Vielheit der Zuordnungsbilder einheitliche Prinzipien herauszulesen. In den zwanziger Jahren versuchte Freiherr v. Klöckler, der Autor eines noch heute anregenden Leitfadens für astrologische Deutung, die zu den Planetensymbolen assoziierten zahlreichen Zuordnungen von einfachen Naturprinzipien her zu verstehen [18].

So nannte er zum Beispiel das MERKURISCHE ein Prinzip der vermittelnden Bewegung. Psychologisch bedeute das vermittelnde MERKUR-Prinzip den Intellekt. Also sei MERKUR repräsentativ für den Beruf des Handelsmannes usf. Dieser Ansatz mündete dann in Versuche späterer Autoren, aus den Planetensymbolen psychologische beziehungsweise lebenseigentümliche Grundfunktionen abzuleiten. H. A. Strauss[19] benennt solche Grundfunktionen folgendermaßen: MERKUR, die beziehende Funktion; VENUS, die kompensierende Funktion; MOND, die reizempfangende und reagierende Funktion; MARS, die aggressive Funktion; JUPITER, die entwickelnde Funktion; SATURN, die hemmende; URANUS, die schöpferische, und NEPTUN, die auflösende Funktion.

Die «astrologische Menschenkunde» von Thomas Ring[20] bietet für die Übersetzung der Planetensymbole ebenfalls Schlüsselwerte an. Ring nennt sie «Wesenskräfte». In seinen Beschreibungen richtet er sein Augenmerk auf jene Tendenzen in diesen Wesenskräften, die «bei jeder Art von Erbe oder Umwelt sowie Niveau des Menschen durchschlagen». Solches aber können die Wesenskräfte nur, wenn sie in lebenseigentümlichen Prinzipien wurzeln. Die Interpretationen bei Ring lauten: MERKUR, das Intelligenzhafte; VENUS, das Ästhetische; MARS, das Trieb- und Dranghafte; JUPITER, das Sinngebende; SATURN, das Grenzsetzende; URANUS, das Umschwungbewirkende; NEPTUN, das Grenzüberschreitende; PLUTO, das Gestaltwandelnde. SONNE erhält den uns geläufigen Wert des Lebensschöpferischen. Die Wesenskraft des MONDES wird das Traumhafte genannt.

Die Reduktion der vielfältigen Bilderwelt der Planetensymbole auf gewisse seelische Potentiale ist für das Erfassen ihres Stellenwertes in der Nativität ein großer Entwicklungsschritt. In der Lesung der Nativität wird von bestimmten dynamischen Grundtendenzen ausgegangen, die das einzelne Planetensymbol charakterisieren. Man faßt deren funktionellen Wert ins Auge.

So macht Thomas Ring zu SATURN folgende Aussage: Das Grenzsetzende wirkt sich aus als Gewissen, mit dem wir selbst oder unser Über-Ich unseren Antrieben Grenzen setzen. Oder: SATURN bedeutet den Neinsager in uns, vom neurotischen Nein bis zum standhaften Nein. Oder aber: SATURN bedeutet den Willen zur Macht, also einen Antrieb, der die Lebensansprüche anderer ausschließt. In der geistigen Welt unterstützt das «Saturnische» alles Fixierende: Gesetzesbewußtsein, moralische Grundsätze, Dogmengläubigkeit wie auch Widerstand gegen jede Abänderung. Hilfreich ist diese Kraft bei allen methodischen Forschungsaufgaben.

Diese Aussagen gründen sich auf Beobachtungen, die Ring in seiner Arbeit mit dem saturnischen Faktor machen konnte. Es wird also von Ring «das Grenzsetzende» als bezeichnender Stellenwert für die Lesung SATURN im Geburtsbild angesehen. Wir können in der Tat die Tendenz des Grenzsetzenden in den meisten psychologischen Zuordnungen zu SATURN bemerken.

Auch im Verhalten des mythischen Kronos-Saturn, der seine eignen Kinder gleich nach der Geburt verschlang, kann die Tendenz eines radikalen «Grenzsetzenden» in der Vernichtung des sich entwickelnwollenden Lebens gesehen werden [21].

Doch ist für das SATURN-Potential – das hier als erstes beschrieben werden soll – mit dem Begriff «das Grenzsetzende» das Kernmuster noch nicht gefaßt. Es kann zwar aus der Erfahrung mit der Nativität voll bejaht werden, daß einem, von der Gesamtkonstellation her, «stark» gestellten SATURN in der Psyche Verhaltensweisen wie leichtes oder häufiges Einschalten eines Hemmungsvorganges oder verlangsamte Entwicklungsabläufe oder Neigung zu Fixierungen und Festgefahrenheiten entsprechen.

Doch besitzen wir trotz der Brauchbarkeit der Definition des Grenzsetzenden damit noch nicht jenes Bild, das auch den kosmischen Mitspieler erkennen läßt. *Denn unsere Arbeitshypothese geht ja dahin, daß der dem astrologischen Symbol SATURN zugrundeliegende Archetyp außerpsychischen kosmischen Anteilen gegenüber offen ist.*

Nun begegnen wir aber in jedem planetarischen Symbol einer gewissen, ihm allein eigentümlichen Funktionsweise, die sich in einem jeweils speziellen dynamisch-energetischen Bild fassen läßt.

Im Falle des SATURN-Symbols kann festgestellt werden, daß alle zu SATURN assoziierten Erscheinungen und Verhaltensweisen sich unterspielt zeigen von einer ihnen innewohnenden Tendenz, die als von außen nach innen gerichtet beschrieben werden kann. Eine solche Angabe mag allzu einfach klingen. Aber die genannte Bewegungstendenz ist in allen dem SATURN zugeordneten Erscheinungsformen zu finden.

In der Arbeit am Geburtsbild begegnen wir dem «Saturnischen» in den Tendenzen zur Verfestigung, zur Stabilisierung, zur Findung fester Form, ferner im Zug einer Zurückführung auf Einfachstes, auf Kernhaftes, und (im geistigen Vollzug) nach Abstrahierung des zu Fassenden. Auch die introversen Tendenzen sind zu nennen. Im Geburtsbild kann SATURN die Tendenz zu Hemmungen, Stauungen, Begrenzungen, Verdrängungen repräsentieren.

Wie sich solches auch im Einzelbild darstellen mag: es ist bei der nicht zu übersehenden Fülle von Lebenserscheinungen, in denen die «saturnische» Komponente maßgebend wirksam ist, ratsam, in der Arbeit mit der Nativität sich stets die genannte Bewegungstendenz vor Augen zu halten und sich nur der einfachsten SATURN-Vokabeln zu bedienen – etwa Tendenz zur Verfestigung, zur Abgrenzung, zur Minderung oder Fixierung lebendiger Vorgänge. Auch diese einfachsten Vokabeln können nur «schwebend» gehandhabt werden. Manchmal entspricht eine, manchmal jede der angegebenen Ausdrücke der psychischen Gegebenheit. In allen wirkt die Grundstrebung des Verfestigens, des Introversiven. Das «Saturnische» ist durch diesen Zug unverwechselbar gekennzeichnet.

Wenn die «SATURN»-Funktion im Wesen und im Lebensverhalten eines Menschen sehr betont erscheint (was mit psychologischen Mitteln sehr wohl zu fassen ist), so entspricht dieser Feststellung mit Sicherheit ein aspektbetonter und in der Position «dominanter» Saturn im Geburtsbild. (Die Bestimmung «dominant» kann erst aus den späteren Darlegungen heraus verstanden werden.) Dies bedeutet, daß man den Planeten Saturn als ein an den genannten psychischen Strebungen beteiligtes Element in die Sicht einzubeziehen hat. Der Planet Saturn als Konstellationsteilnehmer muß gesehen werden in einer wie auch immer gearteten Verbundenheit mit den im psychophysischen Organismus angelegten, lebenseigentümlichen Bewegungstendenzen der beschriebenen Funktionsweise.

War vielleicht der alte Ptolemäus einem Kosmos-Psyche verbindenden «Bewegungspattern» auf der Spur, als er lehrte, daß die hemmenden «Wirkungen» des Planeten Saturn auf das Lebendige, und also auch auf den Menschen, zu erklären seien aus seiner, im Verhältnis zur Bewegung der anderen sichtbaren Wandelsterne, äußerst langsamen Bewegung? Zum Vergleich: Saturn hält sich durchschnittlich zweieinhalb Jahre in einem 30 Grad betragenden Ekliptikabschnitt der Sonnenbahn auf, welchen Abschnitt der geschwinde Merkur in durchschnittlich 30 Tagen durcheilt.

Die langsame Bewegung des Gestirns Saturn «bewirkt» nach Ptolemäus in der lebendigen Natur wie im Menschen dort, wo Saturn konstellativ zum Zuge kommt, Trägheit, Beharrung, verlangsamte Lebensbewegung, Erstarrung. Der Gedanke ist nicht so abwegig, daß Ptolemäus mit dieser Lehre, auch mit der Annahme, daß die spezifische Wirkungsart eines Planeten zu verstehen sei aus der Entfernung seiner Bahn von der Sonne, ein Teilstück des komplexen astrologischen Phänomens gefaßt hat.

Auf jeden Fall müssen wir uns, wenn wir für unsere Arbeit mit der Nativität einen tragenden Boden schaffen wollen, an die aus den Planetensymbolen abstrahierbaren funktionalen Werte halten, die in allen Bildern und Verhaltensweisen, die zu den einzelnen Planetensymbolen assoziiert werden, zu erfassen sind. Jedes dieser Planetensymbole faßt offenbar ein Lebensprinzip, dem eine bestimmte dynamische Funktion zugehörig ist. *Und diese Funktion allein kann sachgerechterweise in die Lesung einer Nativität eingebracht werden, will man sich nicht in Deutungen von fraglichem Wirklichkeitswert verlieren.* Sie allein tangiert auch den kosmischen Anteil am kosmopsychischen Phänomen.

Im weiteren muß es der Darstellung zuliebe vermieden werden, den Bezeichnungen SATURN, MARS, MERKUR usw. stets den Begriff Funktion anzufügen. Wenn also die kosmopsychischen Komponenten nur mit ihren planetaren Symbolnamen im Text erscheinen, so möge der Leser beachten, daß unter SATURN, MARS, MERKUR und den anderen niemals die, autonom wirkend vorgestellten, Himmelskörper der astrologischen Tradition verstanden werden, sondern – wie dargelegt – bestimmte lebenseigentümliche Grundfunktionen im Organismus der Seele, sofern diese in ihrer Intensität, Stärke oder Schwäche beziehungsweise in ihrer Gerichtetheit durch gewisse Konstellationen zur Geburtszeit eine Prägung erfahren. Dieser für Astrologen zu stark reduzierte Blickpunkt, der Energetisches und Urmusterhaftes ins Auge faßt, mündet dennoch für den Psychologen in menschenkundlich wertvolle Erkenntnisse ein, nämlich in ein Erfassen psychischer Bereitschaften, zugehörig der jedem Menschen einmalig eigenen Grundstruktur seines Wesens.

Mit Leben erfüllt sich aber ein solches Erfassen erst durch das Lebensmaterial des Geburtsbildträgers. Mit ihm läßt sich im dialogischen Verfahren das diesem Menschen eigene, aber ihm unbewußte Funktionenspiel erarbeiten. Es läßt sich erhellen, inwieweit er von diesem Funktionenspiel unbewußt gelebt wird oder wieweit er ihm bereits, wissend sich mit ihm auseinandersetzend und es gestaltend beziehungsweise es steuernd, gegenübersteht.

Hier steht das Tor für die therapeutische und entwicklungspsychologische Arbeit weit offen. Denn trotz seines Einbezogenseins in kosmische Ordnungen steht der Mensch doch in dieser Bedingtheit als ein Sich-Entscheidender, als ein Wandlungsfähiger. Keiner muß einen im Geburtsbild noch so «stark» aspektierten SATURN mit der Haltung der Gehemmtheit, mit neurotischer Ichbezogenheit, mit Depression oder Zwanghaftigkeit beantworten. Die SATURN-Funktion als solche erzwingt derartige seelische Haltungen keinesfalls. Sie bringt nur ihre Funktionsart und -weise mit ins Spiel. Das «Wie» der Verwirklichung liegt beim Einzelnen und seiner Lebenswelt.

Ein psychologisches Arbeiten mit den Funktionen beziehungsweise seelischen Dynamismen, die von den Planetensymbolen repräsentiert werden, bedeutet keinen Verzicht auf die Bilderwelt, die seelisches Erleben im Umgang mit den kosmischen Symbolen geschaffen hat; denn das unsichtbare Band zwischen den psychoenergetischen Komponenten und den seelischen Inhalten ist unlösbar. Daher bezieht das Erfassen des jeweiligen «planetaren» Funktionenspiels ganz von selbst die Bilderwelt assoziativ mit ein. Man muß sich nur klar darüber bleiben, daß die Bilder keine Deutungsvokabeln sind.

Im folgenden wird versucht, die Funktionsweisen der übrigen «planetaren» Potentiale zu zeichnen.

Konnte SATURN beschrieben werden als kontrahierend, verdichtend, also von außen nach innen tendierend, so zeigt MARS eine entgegengesetzte, von innen nach außen tendierende, dynamisch hervorbrechende Tendenz. Diese hat in der bekannten Signatur ♂ (die ja auch als Signatur für das männliche Geschlecht bekannt ist) ein zutreffendes Zeichen gefunden.

Auch diese zielgerichtete Strebung gehört zu den primären Dynamismen des organischen Systems. Wie sich in der Arbeit am Geburtsbild ergibt, zeigt sich der kosmische Mars mit eben dieser dynamischen Strebung verbunden.

SATURN und MARS stehen in ihren Bewegungstendenzen also in totalem Gegensatz; die Lebensproblematik von Trägern spannungsreicher Saturn-Mars-Aspekte belegt dies. Die

Mars-Funktion im Geburtsbild ist zunächst nur in ihrer mehr oder weniger energiegeladenen, vorstoßenden, ausbrechenden Bewegungstendenz zu sehen beziehungsweise als ein Trieb- und Dranghaftes, wie Th. Ring[22] es nennt.

Seit je wurden dem Mars zugeordnet: Kampf, Stoßkraft, Aggression, Angriff – aber auch In-Angriff-Nehmen, Initiative, Antrieb, Aktivität. Ist die Mars-Komponente nicht im Rahmen einer disziplinierten oder humanisierten Lebensform wirksam, sondern wirkt sie sich naturhaft elementar aus, so vermag sie sich als rücksichtslose, destruktive Aggression zu manifestieren, die jedes entgegenstehende Hindernis zu überrennen sucht. Dieser Modus aber gehört nicht etwa zum Mars-Prinzip der hervorbrechenden Lebensbewegung als solchem. Es kann also in der Nativitätslesung Mars nicht einfach mit Aggression übersetzt werden, Mars erweist sich primär als ein adgredi, ein intentionales Herangehen an Menschen und Dinge. Der konstruktive Wert der «Marshaften» Lebensbewegung wird viel zuwenig betont – sowohl in der Nativitätslesung als auch in der psychologischen Beurteilung der Aggressivität. Im Mythos besaß Mars auch den Rang einer Frühlingsgottheit, die die Wachstumskräfte hervorbrechen ließ.

Mars setzt sich keinesfalls nur gegen etwas durch, sondern auch für etwas ein. Er kann ferner als das nicht nur Ausbrechende, sondern auch als das in ein Objekt Eindringende (was nicht mit «saturnischer» Introversion zu verwechseln ist) gesehen werden. Wie erwähnt, schrieb Kepler dem Mars-Prinzip die Schärfe des Eindringens zu.

Sehr ausgeprägt zeigt sich die Mars-Komponente im Rahmen einer Persönlichkeit, wenn in deren Geburtsbild zwischen der Mars-Position und der Sonnen-Position eine Konjunktion, ein Trigon (120 Grad) oder eine Opposition besteht[23]. Das Symbol SONNE faßt den beständigen, allzeit gegenwärtigen Strom der Lebensenergien. Damit unterscheidet es sich vom Symbol MARS, dessen Wesen es ist, Äußerungen in Ansätzen hervorbrechen zu lassen. Bei Trägern einer der genannten MARS-SONNE-Aspekte kann ein überdurchschnittliches Bedürfnis, ein aktives Leben zu führen, festgestellt werden. Diese Aspekte stellen einen dynamisierenden Faktor dar.

Goethe besaß – ganz abgesehen von den übrigen markanten Positionen seines Geburtsbildes – einen Trigonalaspekt zwischen seiner Sonne und seinem Mars. Und «Tätigsein» ist eines seiner Lieblingsworte. Sogar (wie er zu Eckermann am Ende seines Lebens sagte) entspränge ihm die Überzeugung der Unsterblichkeit aus dem Begriff der Tätigkeit. «Denn wenn ich bis an mein Ende rastlos wirke, so ist die Natur verpflichtet, mir eine andere Form des Daseins anzuweisen, wenn die jetzige meinen Geist nicht ferner auszuhalten vermag.»

Jeder Astrologe wird einwenden, eine derartige Übersetzung einer einzigen Konstellation sei unstatthaft, da ja das gesamte Geburtsbild ins Auge gefaßt werden muß. Damit hat er grundsätzlich recht. Aber im hier gegebenen Zusammenhang geht es um die Beschreibung und Veranschaulichung einzelner kosmopsychischer Funktionen und vorerst noch nicht um das Erfassen des Gesamtgefüges. Von den Funktionen her kann eben von einem erhöhten Aktivitätsstreben gesprochen werden. Es ist notwendig, bei MARS die Erscheinungsform «Aktivität» besonders zu betonen, weil von hier aus auf das heute so aktuelle Thema eines dem Menschen angeblich «angeborenen» Aggressionstriebes ein neues, sachgerechteres Licht fallen kann. Die Erfahrungen am Geburtsbild lehren uns, daß jeder Mensch zwar jenes inwendige Potential MARS in seinem biopsychischen Grundgefüge von Geburt an besitzt, daß dies aber nicht gleichbedeutend ist mit einem angeborenen Aggressionstrieb, so, wie er oft definiert wird, nämlich als primäre Angriffstendenz mit zerstörerischem Akzent. Vom MARS-Potential und von seiner Funktion her gesehen ist Aggression in diesem Sinne nur ein möglicher Ausdruck. Zudem ist dieser in besonderem Maße geknüpft an die primitiven, undifferenzierten Persönlichkeitsanteile beziehungsweise an den noch unreifen Status der menschlichen Natur. Dieser wird heute keinesfalls nur vom aggressionsbereiten, jugendlichen Menschen repräsentiert, sondern von breiten Teilen unserer Massengesellschaft, deren infantiler Hang zu Gewalt und Destruktion auch noch durch das Angebot der Massenmedien als normaler Lebensausdruck legitimiert wird.

Unter dem Begriff des Aggressionstriebes werden übrigens grundverschiedene Phänomene verstanden, was nie ganz deutlich im Sprachgebrauch erscheint. Man spricht von einem auf Vernichtung zielenden Aggressionstrieb, aber auch – nach Lorenz – von einem Aggressionstrieb, der Motor schlechthin für alle Triebe sei.

Hier hat uns die alte Astrologie in ihrer intuitiven Weltsicht im MARS-Symbol ein übergreifendes Grundprinzip anschaulich gemacht, in welchem auch die Aggressions-Komponente den ihr zukommenden Stellenwert besitzt. *Mit dem Bedeutungsgehalt des Symbols MARS liegen wir in der Aggressionsauffassung vom Grunde her «richtiger» als mancher Aggressionstheoretiker.*

Der destruktive Aggressionscharakter des MARS kann allerdings konstellativ durch bestimmte SATURN-Aspekte beson-

ders herausgefordert werden: das heißt, der Grenzen und Hemmungen setzende SATURN, der intentionalen Impulsen Widerstand entgegensetzt, kann gegebenenfalls auf einen durch gewisse Aspekte an SATURN gebundenen MARS wie ein dessen Wesen ungemäßer Dauerdruck wirken. Den Widerstand versucht er mit seinem Vorwärtsdrang zu durchbrechen. Ist das SATURN-Potential stark genug, was sich aus der Gesamtstruktur des Grundgefüges ergibt, so vermag die SATURN-Funktion die Tätigkeit der MARS-Funktion weitgehend zu mindern, bis zu einer Aktivitäts- beziehungsweise Aggressionsschwäche. Oder aber SATURN staut an, bis MARS der Durchbruch gelingt. Es verstärken also Widerstand, Starrheit, Grenzbetonungen das Elementare des MARS. Bei «harmonischer» Aspektbindung [24] zwischen beiden Faktoren kann dagegen SATURN seine Konzentration und Festigkeit der MARS-Funktion zur Verfügung stellen.
Grundsätzlich ist eine SATURN-MARS-Verbindung von Umwelt und Erziehung modifizierbar, wobei sie allerdings ihren funktionalen Wert nicht verliert – nicht verlieren kann!
Bei Spannungsaspekten zwischen beiden Akteuren – bei Opposition oder Quadrat (90 Grad), auch bei Konjunktion, können sich in Einzelfällen, bei denen weitere Konstellationen und selbstverständlich auch Umweltfaktoren sehr ins Gewicht fallen, Aggressionsbekundungen destruktiver Art und Stärke ergeben: Das Geburtsbild einer bekannt gewordenen deutschen Anarchistin weist eine fast exakte MARS-SATURN-Opposition auf. Hier wandte sich martialischer Kampfgeist gegen die (von dieser Frau so empfundenen) erstarrten, überalterten, grenzsetzenden Mächte der Gesellschaft (symbolisiert durch SATURN, der in der Projektion erlebt wird).

Selbstverständlich ist hier zu fragen, warum die genannte Konstellation, die ja viele Varianten des Ausdrucks hat, bei diesem Menschen gerade zu diesem Ausdruck geführt hat? Um solche Fragen beantworten zu können, müßte die Studie der gesamten Nativität in Zusammenhang gebracht werden mit umfassenden psychologischen, familiären und soziologischen Untersuchungen. Die Nativität weist mit ihrer SATURN-MARS-Opposition lediglich auf das Problem der markanten Gegensatzspannung beider Funktionen.

Dem gebrachten Beispiel zur Seite sei ein anderer Träger einer MARS-SATURN-Opposition angeführt: Auch dieses Beispiel ist nur vom Funktionenspiel her zu betrachten. Nur das Bild der entgegengesetzten Funktionen möge gesehen werden. Natürlich war die Gesamtlebenslage eine völlig andere. Die Trägerin dieser Opposition war Sozialfürsorgerin und wandte ihre Aktivität mit vollem Einsatz den Behinderten und Kranken zu, repräsentiert durch das Symbol SATURN. Opposition: das ergab in diesem Fall ein «Gegenüber», nicht ein «Gegeneinander». Dieser Frau war der Behinderte, Bedürftige echtes Gegenüber. Mit ihrer Art der Verwirklichung der MARS-SATURN-Opposition fühlte sie sich in ihrer Lebensaufgabe und bejahte diese.

Dem Träger konstellativer Oppositionen scheint die Bewältigung des Gegensatz-Problems in besonderem Maße gleichsam «aufgegeben» zu sein. Immer wieder aber muß man sich vor Augen halten: Was da in einem Geburtsbild akzentuiert ist, ist die Funktion eines Lebenspotentials, die weder gut noch böse ist. Freilich ordnet sie Psychisches an, denn sie besitzt archetypischen Hintergrund.

Aspekte oder der instinctus geometriae
Einfügung

Da wir für die weiteren Darlegungen über Vorstellungen, das Wesen der Aspekte betreffend, verfügen müssen, ist es ratsam, an dieser Stelle einzuschalten, was aus der Erfahrung mit ihnen gesagt werden kann beziehungsweise muß.
Wie eingangs erwähnt, werden in der astrologischen Aspektenlehre Winkel, die die bewegten Himmelskörper in bezug auf die Erde als Mittelpunkt zur Zeit einer Geburt bildeten, dann als «wirksam» bewertet, wenn sie einer geometrischen Ordnung entsprechen. Zur Erfahrbarkeit einer «Wirksamkeit» solcher Aspekte hat sich Johannes Kepler lebenslang bekannt, wobei er die Ansicht vertrat, daß diese «Wirksamkeit» auf einem *Instinctus geometriae* in den Lebewesen beruhe.
Dies dahingestellt, haben wir es in der Arbeit am Geburtsbild in der Aspektenfrage mit einer gar nicht abzuweisenden Wirklichkeit zu tun. Psychologisch gesehen stellt die Aspekten-Bewertung sich folgendermaßen dar: Der Vis-à-vis-Aspekt der *Opposition*[25] weist in erster Linie auf Funktionsspannungen in der seelischen Struktur. Der Mensch pflegt sie seiner Natur nach meistens auf die Umwelt zu übertragen.
Es hängt von den anderen Strukturgegebenheiten wie auch vom Status der eigenen Entwicklung ab, ob die durch die Opposition zweier Lebensfunktionen gegebene Dynamik sich in der Problematik des (innen oder außen) Schwer-zu-Bewältigenden ausspielt oder ob sie eine Art von dauerndem fruchtba-

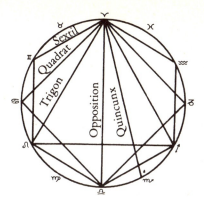

Abb. 1: Die Aspekte

rem «Gespräch» zwischen dem Ich und der Welt, dem Ich und dem Du, dem Ich und dem Unbewußten ermöglicht. Die häufig gegebenen Oppositionen in den Geburtsbildern großer Schaffender weisen auch auf das letztere.

Der Träger einer Opposition hilft sich nicht selten damit, daß er eine der Funktionen «mit Libido besetzt», das heißt vorwiegend einsetzt, und die andere seinem Partner überläßt – was aber auf die Dauer keine Lösung der ja vorgegebenen Eigenspannung ist.

Der *Konjunktion* entspricht in der psychischen Struktur ein enges Gebundensein zweier Funktionen aneinander, wodurch die einzelne Funktion nicht rein in ihrer Bewegungstendenz erscheint. Beide bilden quasi eine Legierung. Das ergibt bei sehr verschiedenartigen Funktionen oft merkwürdige und ausgefallene Bekundungen.

Eine Ausnahme bilden die Konjunktionen mit der SONNE, da diese die betroffene Funktion in ihrer Art nicht verändert. Die

Funktion wird dann nur erhöht vitalisiert und tritt daher im Bild der Persönlichkeit akzentuierter hervor.

Der *Quadrat*-Aspekt hat bei den Astrologen keinen guten Ruf. Von jeher nannte man ihn einen ungünstigen Aspekt. Klöckler[26] nennt ihn einen Hemmungsaspekt von chronischer Zustandbedeutung.

Führt man von den Positionspunkten der im Quadrat sich aspektierenden Planeten Linien durch den Kreismittelpunkt der Nativität, die die kosmischen Verhältnisse in ihrem Aufriß spiegelt, so bilden die Linien ein Kreuz: Sie streben also unvereinbar in verschiedene Richtungen. Dieses Bild illustriert die mangelnde Bezogenheit aufeinander, die die entsprechenden Funktionen im Gesamtgefüge der Seele zeigen können.

Die sich quadrierenden Funktionsweisen gehen nicht «ins Gespräch», was sie bei der Opposition vermögen. So liegt nahe, daß man eine der Funktionen «links liegen läßt», das heißt, ihr Funktionsbedürfnis weitgehend verdrängt. Dieses Funktionsbedürfnis verhält sich dann eben so wie alles Verdrängte.

Von dieser seelischen Sachlage her wurde das Quadrat als «feindlich» erfahren. Es drängt sich mit unerwünschten Ausdrücken auf.

Dennoch gelingt es, beide Funktionen zusammen einzusetzen: Es bedarf dazu jener Gespanntheit des Bewußtseins, die der Mensch Schwierigkeiten gegenüber zu leisten imstande ist. E. v. Xylander, der mit seinem «Lehrgang der Astrologie» eine hilfreiche Einführung gegeben hat[27], formuliert zum Quadrat-Aspekt: «Quadrate verlangen immer eine Bewußtheit.»

Ein Zusammenschluß der divergierenden Funktionen geschieht aber auch in der Beziehung zwischen Mensch und Leistung. Die hier notwendige Kräfteübertragung vom Menschen zum Objekt hin findet gerade im Quadrat ein tragendes Medium. Es wäre hier anzumerken, daß das Element SATURN dem Quadrat-Aspekt besonders affin ist, weswegen auch die saturnische Haltung gespannter Konzentration den Quadrat-Aspekt am besten zu integrieren vermag. Kepler nennt das Quadrat geradezu einen saturnischen Aspekt.

Das *Trigon* (120 Grad), das *Sextil* (60 Grad) und das *Halbsextil* (30 Grad) zeigen ein ineinandergreifendes Zusammenspiel der aspektverbundenen Funktionen an. Trigon und Sextil werden in der Tradition «harmonisch» genannt, eine Bezeichnung, die aber zu vermeiden ist. Denn ein leichtes Zusammenspiel zweier Funktionen ergibt noch lange keinen harmonischen Effekt. Eher kann man von einer gegenseitigen Hilfestellung reden. Über den positiven oder bedenklichen Wert dieser Hilfestellungen entscheiden andere Momente.

Als letzter Aspekt sei hier der *Quincunx* (150 Grad) genannt. Er findet in der astrologischen Tradition wenig Beachtung. Die im Quincunx-Verhältnis stehenden Funktionen hemmen sich zwar nicht, aber sie nehmen auch nur wenig Notiz voneinander. Ihre Kontaktaufnahme ist kurzfristig, augenblicksbetont, gegebenenfalls schlagartig. Interessant ist die Häufigkeit des Quincunx-Aspektes bei geistig schöpferischen Menschen. Es scheint, als ob dieser Aspekt dem Vorgang eines intuitiven, plötzlichen Verknüpfens besonders günstig ist [28].

*

Wir greifen jetzt wieder zurück auf das oben behandelte Thema der kosmopsychischen Potentiale. Die Funktionen MARS und SATURN sind skizziert. JUPITER ist erlebbar als entfaltende, entwickelnde Funktion, vergleichbar etwa den Vorgängen organischen Wachstums. Die JUPITER-Weise kann man nicht – wie es in der astrologischen Literatur geschieht – als Expansion beschreiben, auch nicht als Tendenz zur Vermehrung. Vielmehr erscheint JUPITER als die am Vorgang der Verarbeitung und Integrierung beteiligte Funktion.

Zwar tritt im Gegensatz zu dem verdichtenden, grenzsetzenden Streben SATURNS die entfaltend-erweiternde Tendenz JUPITERS deutlich hervor. Aber JUPITER vollzieht auch ein Sich-Einverleiben, das jedoch nicht einem SATURNISCHEN Steine-Schlucken vergleichbar ist, sondern das Einverleibtes verarbeitet und einordnet und eben damit Wachstumsvorgänge in Gang hält.

Im antiken Götterpantheon ist Zeus-Jupiter der Weltordner. Ein mythologisches Handbuch (Roscher) kommentiert dazu: Zeus-Jupiter ist der mythische Ausdruck für die in der gesamten Natur wahrgenommene Ordnung.

Man kann in unserer tiefenpsychologischen Arbeit JUPITER als eine vom Unbewußten her wirksame, ordnend und integrierend arbeitende Instanz erfahren. In der Nativitätslesung sollte die JUPITER-Komponente zunächst nur mit dem Wert einer Entfaltungstendenz, eines Aufbaustrebens, eines ordnenden Einbeziehens gesehen werden. Da JUPITER als eine naturgegebene Lebensfunktion unpersönlich arbeitet und keinesfalls an menschlichen Wünschen und Wollen interessiert ist, wirft ihr Einsatz eine Problematik dort auf, wo sogenannte positive (auch harmonisch genannte) JUPITER-Aspekte gewissen Konstellationen des Grundgefüges Wachstums- und Entwicklungsimpulse geben, die im Gesamtzusammenhang als schwierig und spannungsreich erfahren werden. Auch eine solche Einwirkungsweise JUPITERS ist möglich.

Im ganzen kann dem JUPITER-Potential ein lebensaufbauender Faktor zugeordnet werden, dem SATURN-Potential dagegen ein lebenshemmender. Die psychischen Entsprechungen der beiden Großplaneten besitzen als «innerer» SATURN und als «innerer» JUPITER den Charakter «großer» Konstituenten. Im griechischen Mythos ist die Größe und Gewalt dieser beiden «Lebensmächte» und ihre archetypische Relation zueinander anschaulich geworden.

Was der Mythos in breiter Darstellung vom langen und unendlich schweren Götterkampf zwischen dem kinderfressenden SATURN und dem humanen Weltordner JUPITER berichtet, weist auf die unendlichen Mühen, die der Mensch einsetzen muß, um den archetypisch «gewollten» Sieg des JUPITER-Prinzips in sich zu leisten. Ein zweites ist, ob seine Konstellation ihm darin beisteht oder diesen Kampf erschwert. Erfahrungsgemäß gelingt der Menschenseele die Absetzung saturnischer Instanzen aus der führenden Rolle außerordentlich schwer. Diese wehren sich gegen Einordnungstendenzen des JUPITER-Prinzips quasi mit dem ihnen eingeborenen, eigensüchtigen, das Ich betonenden Machtanspruch, der im mythischen SATURN zum Bild wurde.

Vom Aspekt der Entwicklung und der Integration her ist dem JUPITER-Prinzip die Führerrolle im Spiel der beiden Großen zuerkannt. Denn JUPITER als integrierendes Prinzip vermag SATURNISCHES einzubeziehen. Im mythischen Götterkampf zieht JUPITER auch die dunklen titanischen Mächte zu sich heran. Mit ihnen vereint erkämpft er den Sieg[29].

Diese archetypisch gegebene Relation zwischen den beiden

gestaltungsmächtigen Lebenspotentialen vor Augen zu haben, gehört insofern zum tiefenpsychologischen Umgang mit dem Geburtsbild, als für den Therapeuten letztlich das einordnende Anliegen JUPITERS im obengenannten Sinn (also auch im Sinne einer Integration des SATURNISCHEN) in seinen Aufgabenbereich gehört.

Die im Einzelfall gegebenen konstellativen Bedingungen zu kennen, die für JUPITER in einer Nativität gegeben sind, kann sowohl diagnostisch wie auch therapeutisch von nicht geringem Wert sein.

Es kann im weiteren nicht Aufgabe dieser Arbeit sein, all die möglichen und psychologisch relevanten Kombinationen der kosmopsychischen Funktionen zu besprechen. Dieser Aufgabe hat sich das große Werk von Thomas Ring gewidmet[30]. Uns muß es um ein möglichst sachgerechtes Erfassen der Funktionsweisen gehen, welches Erfassen die erste Voraussetzung für eine ergiebige Lesung der Nativität überhaupt ist. Das Einfühlen in das jeweilige Funktionsspiel der Konstellation muß vom Psychologen in Kontakt mit dem Geburtsbildträger von Fall zu Fall geleistet werden.

Es seien aber an den Aspekten zwischen JUPITER und MARS einige mögliche Weisen ihres Zusammenspiels als ein Beispiel aufgezeigt. Bei einer Konjunktion beider kann beobachtet werden, daß der einbeziehende JUPITER die MARS-Komponente in das persönliche Wesen quasi einarbeitet. Es erscheint etwa diese Komponente im Persönlichkeitsbild als natürlicher Aktivitätsdrang oder als stets gegenwärtige Aktivitätsbereitschaft. Oder aber es gehören aggressive Züge oder auch ein sehr leichtes Ergreifen von Initiative zum Wesensbild.

Eine andere Variante wäre: MARS, den entfaltenden JUPITER

im Rücken, zeigt die Neigung, Ordnungen mittels Aggressionseinsatz herstellen zu wollen. Kommt der grenzsetzende SATURN dabei zu wenig zum Zug, so kann MARS, der von JUPITERS Seite Ausweitungsimpulse, aber keine Begrenzung erfährt, in dieser Konjunktion «auswachsen». Es entfaltet sich dann die MARS-Komponente zu weitgehend oder zu mächtig. Im Mythos konnte Zeus-Jupiter am schwersten seinen Sohn Mars seinem Ordnungswillen unterstellen.

Vermag JUPITER in Führung zu bleiben, so erlaubt sowohl die Konjunktionsverbindung beider Funktionen wie auch ihre Verbindung im Trigon-Sextil- oder Halbsextil-Aspekt, daß sich MARS den Aufbau- und Integrierungstendenzen des JUPITER assoziiert. Es ergibt sich das Bild eines vom Unbewußten her «geführten» MARS.

Beim Oppositionsaspekt dieser beiden Funktionen bleibt entweder MARS oder JUPITER «außerhalb», je nachdem mit welcher Funktion der Träger dieses Aspektes sich stärker identifiziert. Die jeweils andere Funktion erscheint dann im ganzen unterbetont oder wird vom Partner, vom Träger einer Vis-à-vis-Beziehung repräsentiert. Im Dauerkontakt zum anderen Menschen (z.B. in Ehe- und Arbeitswelt) können jedoch beide Funktionen voll im Spiel sein und sich die Bälle zuwerfen.

Eine andere Variante wäre ein nicht integrierter beziehungsweise schwer integrierbarer MARS, der allzusehr die Lebensordnungen – auch die eigenen – attackiert. Die aktiven Einsätze erfolgen im Gegensatz zu den ordnenden und assimilierenden Tendenzen.

Ist JUPITER dem MARS im Quadrat verbunden, so wird MARS von JUPITER quasi schwer erreicht. MARS realisiert sich dann

seiner Natur nach, ohne genügend in die Ordnung des Organismus einbezogen zu sein. Jedoch erlaubt die Bedingung des Quadrats, daß beide sich zusammenfinden im Status der Anspannung – wozu auch die bewußte Verarbeitung gehört.
In jedem Fall setzt das Gesamtgefüge die Akzente.
Eine Erfahrung mit JUPITER/MARS-Aspekten wird auch noch manch andere Variante heranbringen. Diese liegen aber zuverlässig auf der Linie der beiden Funktionsweisen. Anders gesagt: das Konstellieren der «planetaren» Faktoren erfolgt stets gemäß des energetischen Wertes, den das Symbol besitzt.

Die Funktion der Struktur-Komponente VENUS hat kompensatorischen Charakter. Sie ist gerichtet auf die Schaffung von Ausgleich; sie strebt nach Ergänzung; sie sucht die Konstellierung des Entsprechenden.
In diesem Sinne verstanden, sehen wir VENUS, ihrem konstellativ gegebenen Modus entsprechend, tätig in der Liebe zu jemandem oder zu etwas, in der Vorliebe zu bestimmten Dingen oder Situationen, die geeignet sind, dem Menschen Gefühle des Ausgleichs, der Harmonie, der Ergänzung oder der inneren Entsprechung zu gewähren.
Dieser Funktion sind in der erlebenden Psyche die Lust- und Unlustgefühle zugeordnet. Im Umgang mit der Nativität wird deutlich, daß mittels der VENUS gewählt und gewertet wird. Ihre Aspekte und ihr Bezug zu gewissen, später zu besprechenden Medien des psychischen Musters «innerer Tierkreis» lassen ermessen, von welchen Lebenserscheinungen, welchen Seinsweisen, welchen Erlebnisebenen – von deren Klangwerten her gesehen – sich der Geburtsbildträger in besonderem Maße angesprochen fühlt. Dem VENUS-Potential

ist als psychologische Funktion das Fühlen zuzusprechen, so wie dieses von C. G. Jung interpretiert wird.

Im Mythos ist VENUS die Gegenspielerin des MARS, den sie allein zu bändigen verstand. Die Schiffer pflegten die olympische VENUS zum Glätten der Wogen anzurufen. Sie war des Weltenherrschers, des Jupiter liebste Tochter, der er die Herzen der Menschen übergeben hatte.

VENUS antwortet auf das ihr Entgegenschwingende beziehungsweise auf ein Du, das ihr die Gegenschwingung erlaubt. Bei der Konstellierung des ihr Entsprechenden ist sie allerdings unbekümmert um das Ganze, um Grenzen und Folgen, Rechte, Moral oder Grundsätze. Die mythische VENUS führte Paris und Helena zusammen, mochte aus dieser Protektion auch das gesamte Unheil des Trojanischen Krieges erwachsen.

Daß die Schönheit die Domäne des Potentials VENUS ist, kann ebenfalls von einem kompensatorischen Grundstreben her verstanden werden. Als «schön» vermag das Gefühl bekanntlich nicht nur das zu harmonischer Erscheinung Gelangte, das ausgewogen und ebenmäßig sich Darstellende zu bewerten, sondern jeden Ausdruck, auch den dissonanten, der in seiner Auflösung, seinem Bewegungsablauf oder in seiner Formgebung Gesetze der Entsprechung erfüllt.

So betreut VENUS auch das rhythmische Erleben und rhythmische Vollzüge. VENUS selbst, die Göttin der vereinigenden Liebe, gesellte sich nicht nur zu ihrem Gegenspieler, dem ungebändigten, ruhelosen MARS. Als schönste aller Göttinnen mußte sie sich auch mit dem häßlichsten der Götter, dem schmutzigen Vulkan, vermählen, so ihr kompensatorisches Wesen erfüllend.

Bei der Arbeit am Geburtsbild müssen Deutungsvokabeln wie Liebe, Partnerschaft, Kunst freilich im Hintergrund bleiben. Steht im Einzelfall ein solcher Lebens- und Erlebnisbereich in seinem Gewicht oder in seiner Problematik zur Betrachtung, dann vermag das Geburtsbild Hinweise zu geben auf die Spielart der VENUS im gefragten Bereich. Allein die Biographie erlaubt das Eingehen auf Konkretisierungen.

In heutigen psychologischen Lehren (so bei Szondi) wird von einer «vorprogrammierten Partnerwahl» gesprochen. Zu dieser Frage ergibt sich im Umgang mit der Nativität, daß der Klangwert, den die VENUS im Gefüge der Gesamtkonstellation besitzt, in der Partnerwahl – sofern es eine Wahl ist – oft sehr deutlich zum Ausdruck kommt. So wird eine an die Komponente SATURN gebundene VENUS das Saturnische in irgendeiner Form, in irgendeinem seiner Klangbilder in die Wahl als das ihr Entsprechende einbeziehen.

Dies gilt für weibliche wie männliche Nativitäten, denn die kompensatorische Funktion ist unabhängig vom Geschlecht.

Als Beispiel eines Funktionenspiels bietet sich die Konjunktion der VENUS mit dem MARS an. Diese Konjunktion ist problemreich, weil beide gegensätzliche Potentiale nicht frei voneinander zum Ausdruck kommen. So setzt der Aktivitätsdrang des MARS erst voll und ganz ein, wenn Lustgewinn, wenn Befriedigung durch Einsatz gefunden werden kann oder wenn ein Wunschziel vor Augen steht. Sonst verhält sich MARS ziemlich indifferent. Andererseits sind Ruhe und Gleichgewicht als seelische Zuständlichkeiten durch allzugroße Nähe des MARS-Potentials schwer zu erlangen.

Eine weitere Variante dieser Konjunktion ist, daß die ausgleichende VENUS durchschlagende MARS-Aggressionen nicht erlaubt, höchstens eine affektive Gemütslage. Mahatma Gandhi, der große Vertreter politisch gewaltloser Zielverfolgung, besaß diese Konjunktion.

Bei einer JUPITER-VENUS-Bindung erscheint in der Persönlichkeitsstruktur die VENUS-Funktion in irgendeiner Form besonders entwickelt. Es darf aus dieser Bindung aber nun nicht etwa auf die Hochentwicklung des Gefühls geschlossen werden, nur funktionsgerecht auf eine Betonung des persönlich wertenden Vermögens oder etwa des Ausgleichstrebens. Träger eines markanten Aspektes zwischen JUPITER und VENUS bringen unwillkürlich ihre subjektive Art zur Geltung und Erscheinung, insofern sie das ihnen Entsprechende, das sie Ansprechende sich vornehmlich zu eigen machen und das sie nicht Tangierende wenig beachten, sich auch möglichst wenig darum bemühen.

Zu den SATURN-VENUS-Bindungen ist hinzuzufügen, daß SATURN seine grenzsetzenden, Haltung und Form betonenden Impulse oder sein Ausschließlichkeitsstreben, seine Kühle, Härte oder auch Tiefe an VENUS weiterzugeben vermag. Zahlreiche Künstler haben diese Bindung erkennbar in Aussagen und Gestaltungen übersetzt, aus denen das «saturnische» Motiv deutlich aufklingt: Formenstrenge, konzentrierte, verantwortungsbewußte Aussage bei Ernst Jünger; Formbetonung, Abgeschlossenheit, elitäre Gedankenführung, geistige Grenzsetzungen bei Stefan George. Oder aber das «Saturnische» wird zum Objekt künstlerischer Gestaltung: so die Gestaltung des Abgründigen und der dunklen Gewalten bei E. T. A. Hoffmann und Alfred Kubin.

Psychologisches Problem ist bei SATURN-VENUS-Verbindungen gegebenenfalls eine Art zwanghafte Bezogenheit auf sich selbst, die tiefer wurzelt als in Kindheitserlebnissen und die wohl nur zu modifizieren ist durch menschliche Reifung. Problematisch ist auch der Fall, wenn – im Zusammenhang mit Fakten der Entwicklung – SATURN auf Ausdrucksbereiche der VENUS einengend, mindernd, unterkühlend oder ihr Ausgleichsvermögen schwächend eingewirkt hat.

Jedoch kann gerade bei SATURN-Aspekten nicht oft genug wiederholt werden, daß SATURN, vereint mit der Funktion, an die ein Aspekt zur Geburtszeit ihn band, zwar auf Urmusterhaftes im seelischen Gefüge hinweist: Was sich aber aus solchem Urmuster gestaltet, ist durch Umwelteinwirkungen, Entwicklung, Reife und durch persönliche Entscheidungen bedingt und bleibt Umgestaltungen offen, solange Leben noch in Fluß ist.

MERKUR ist als Potential in der Fülle seiner Möglichkeiten nicht leicht zu umreißen. Er entzieht sich einer kurzen Fassung. Die einfachsten Funktionsvokabeln sind: das Verbindende, das Vermittelnde und, in diesem Sinne, das Bewegende.

Im merkurischen Ausdruck liegt etwas Zweidimensionales, etwas Lineares. Seinen Manifestationen ist keine Tiefendimension eigen. Eine solche fügt erst ein Zusammenspiel mit JUPITER hinzu.

Die Darstellung des olympischen HERMES-MERKUR mit den geflügelten Füßen, einem Flügelhut und einem geflügelten Stab illustriert dessen bewegliches, dahineilendes Wesen. Er wurde als Windgott verehrt. Seine olympische Aufgabe ist es, Botschaften zu übermitteln.

Man ist erinnert an die Angabe des Ptolemäus, daß der so geschwind dahineilende, einmal scheinbar der Sonne zu, dann wieder von der Sonne fort sich bewegende Merkur-Planet die von ihm beeinflußten Menschen körperlich und geistig beweglich mache.

Der olympische MERKUR ist der Mittler zwischen Oberwelt, Menschenwelt und den unteren Welten. Ihm sind alle Wege bekannt und alle Mittel, deren der Mensch bedarf, um seine irdischen wie geistigen Ziele zu erreichen. Auch der höchste Gedankenflug bedarf seiner Hilfe. Ohne seinen wegweisenden Beistand würde sich der Mensch im Weglosen verlieren.

In der irdischen Welt betreut er nach astrologischer Tradition vor allem die Kaufleute, die Diebe und den Homo faber, dem er die Geschicklichkeit verleiht, mit den verschiedensten Mitteln zweckmäßig umzugehen.

«Merkurisches» Denken ist das logische, das diskursive Denken, das zu allem Erfaßbaren seine Verbindungslinien ziehen kann. E. v. Xylander schreibt in seinem «Lehrgang der Astrologie» dem MERKUR, als seinem Wesen adäquat, folgende Werkzeuge des Denkens zu: Begriffe, Zahlen, Formeln, Abkürzungen..., Schemata, Registraturen, Karteien, Statistiken..., Apparate und Systeme. Durch seine Beweglichkeit und sein Geschick, überallhin Fäden zu spinnen, zeigt das MERKURISCHE oft eine umfassende Weite beziehungsweise Tiefe, die es seinem linearen Wesen nach gar nicht hat. MERKUR ist ein Täuscher – willentlich oder unwillentlich. Seiner vermittelnden Tendenz dient das Wort, aber nicht die Wahrheit. Er repräsentiert das Denken, nicht die Vernunft, in welch geistiges Vermögen JUPITER eingewoben ist.

Mittels seiner merkurischen Funktion kann der Mensch sich

seinen Zwecken entsprechend verhalten. Es ist die Funktion, die dem Menschen zur Gestaltung jener Maske verhilft, deren er sich im Verkehr mit seiner Mitwelt bedient – und zwar notwendig bedient, sofern nur Fäden zwischen einzelnen Berührungspunkten zu spinnen sind, wobei die Gesamtheit des Wesens weder angefordert wird noch das Bedürfnis vorliegt, sie zum Ausdruck zu bringen. Das Kompromißgebilde der Persona wird von MERKUR gestaltet.

Eine astrologische Regel lautet: «Merkur hat keinen eigenen Charakter; er nimmt den Charakter desjenigen Planeten an, mit dem er sich verbindet.» Von diesem Wandelcharakter des MERKUR-Potentials her ist es zu verstehen, daß die alchemistischen Texte zahlreiche Personifikationen des Mercurius kennen. Er sei das Wasser, der Wind, sei Saturn, sei Mond, sei der Teufel, sei der Psychopompos [31].

Für unsere Arbeit am Geburtsbild müssen wir uns des sichersten und beständigsten Merkmals des merkurischen Prinzips bedienen – eben seiner verbindenden, beziehenden, vermittelnden Funktion. Die Fülle des seelischen Potentials MERKUR stehe dabei im Hintergrund unseres Wissens.

Die Position des MERKUR in einem Geburtsbild und die gegebenen aspektarischen Beziehungen lassen auf die Art und Weise schließen, in der die vermittelnde, Beziehungen schaffende merkurische Funktion im Rahmen der Persönlichkeit in Erscheinung tritt.

Betrachten wir, um ein Beispiel zu geben, die MERKUR-Position im Geburtsbild einer heute zu zeitgeschichtlicher Bedeutung gelangten Vermittlergestalt, wie sie Henry Kissinger geworden ist. Verwenden wir bisher Besprochenes, so ist einmal festzustellen, daß bei der Geburt Kissingers die Sonne sich in enger Konjunktion mit dem Planeten Merkur befand – eine zwar häufig vorkommende Konjunktion, die aber als eine Aktivierung des «Merkurischen» (als Daueraktivierung) gewertet werden darf und als Grundakzent zu übrigen verbindenden Elementen hinzuzuzählen ist.

Die hier gegebene Konjunktion findet im Sonnenbahnabschnitt «Zwillinge» statt, über dessen Stellenwert noch eingehender zu sprechen sein wird. Hier ist soviel vorwegzunehmen, daß der Sonnenabschnitt «Zwillinge» seit alters dem Planeten Merkur «zugeordnet» wurde, weil von diesem Abschnitt die beweglichsten Impulse jahreszeitlicher Dynamik auszugehen schienen.

Da das Bild «Zwillinge» ein Symbol ist (und kein aus späterer Projektion entstandenes Sternbild meint [32]), wurde mit diesem Bild eine Beweglichkeit von gleichsam doppelter Intensität erfaßt: Hier sind vier Arme, vier Beine und zwei Köpfe zur Weltbewältigung vorhanden. Natürlich wird nicht jeder Träger einer SONNE-MERKUR-Konjunktion in den «Zwillingen» besondere Fähigkeiten zu zwischenmenschlichen Vermittlungen zeigen, da die MERKUR-Funktion sich ja auch im praktisch-technischen Bereich betätigen kann. Eine solche Konjunktion kann sich sowohl als besondere Beweglichkeit und Geschicklichkeit des Körpers wie des Geistes auswirken. Der Varianten sind viele – sie verlaufen aber stets auf der Linie des verbindenden, beweglichen Potentials.

Außer der Konjunktion der SONNE mit dem MERKUR befindet sich bei Kissinger auch der MARS in den «Zwillingen». Auch dieser also spielt eine bewegliche Aktivität über das «Zwillings»-Medium den ebenso gerichteten Mitspielern zu. MERKUR seinerseits besitzt einen exakten Aspekt zur VENUS.

Auch ihre Funktion steht also zur Mitwirkung zur Verfügung. Das heißt, zum verbindenden Streben des MERKUR vermag sich auch das Ausgleichen, Mäßigen und Ausbalancieren der VENUS zu gesellen: MERKUR als Wort kann mit Maßgefühl verwendet werden.

Dieses Miteinander erhöht also die im MERKURISCHEN liegende Fähigkeit, Verständigungen durch Herbeibringen aller verbindenden Momente zu schaffen.

Die Dissertation Henry Kissingers behandelte bezeichnenderweise das Thema «Über die Verhütung von Kriegen». Es wurde von ihm bekannt, daß er bereits als Universitätslehrer stets beide zu beachtenden Seiten eines Konflikts seinen Hörern vorgetragen habe. Es darf hier noch eine Position der Nativität Kissingers erwähnt werden, die ihre dynamische Interpretation erst bei Behandlung der «Tierkreis»-Medien finden kann: Die Weise der VENUS ist modifiziert durch den Strebungsmodus «Stier». Bei solchem Miteinander können Interessen, Wunschziele und Bemühungen zum Ausgleich sehr zäh und unablenkbar verfolgt werden, welchen Beitrag der durch Aspekt einbezogene MERKUR bestens gebrauchen kann.

Die hier gegebenen Funktionsinterpretationen enthalten natürlich keine Angaben über Erfolg oder Mißerfolg, über Beliebtheit oder Unbeliebtheit des Geburtsbildträgers. Man möge bei einem so sehr an der Grenze des Anschaulichen verlaufenden Thema nie vergessen, daß in den gegebenen und in den folgenden Beispielen nicht biographische Zeichnungen von Persönlichkeiten, mit unzureichenden Mitteln, zu geben versucht werden, sondern daß gewisse auffällig gewordene Züge von bekannten Personen uns in unserer Vergleichsarbeit helfen sollen.

Aus dem Zusammenspiel des MERKUR mit der VENUS können sich nicht nur Wort und Maßgefühl miteinander verbinden, sondern auch – unter noch manchen Möglichkeiten – Denken und Fühlen, Sprache und Rhythmus, Bewegung und Rhythmus. Aufgrund solcher Möglichkeit findet man den genauen VENUS-MERKUR-Aspekt, vor allem das (genaue!) Halbsextil (30 Grad), bei Dichtern, Tänzern und Sprachgefühl besitzenden Menschen häufig.

Allerdings kann ein Miteinander beider Funktionen auch seine Haken haben: Bei einem von der Fühlfunktion beeinflußten Denken können Klarheit und Gradlinigkeit der Denkvollzüge sich etwa nur einem Wunschdenken zur Verfügung stellen, oder der führende MERKUR intellektualisiert das Fühlen. An einem größeren Beobachtungsmaterial ist eine solche Realisation eines VENUS-MERKUR-Zusammenspiels faßbar. Die Gesamtstruktur und das seelisch-geistige Niveau bestimmen den Klangwert.

Ist das verbindungsfrohe, bewegliche MERKUR-Potential an SATURN gebunden, dann erfährt es Begrenzungen, die seine Beweglichkeit mindern. Dies ist nicht immer ein Schaden. MERKUR muß sich der Ausdauer, der Gründlichkeit, dem Formalen, unter Umständen auch der Vertiefung zur Verfügung stellen. Er muß bei der Sache bleiben oder muß seinen Part leisten als Mittler zu saturnischen Zielen.

Wirkt SATURN als Hemmungstendenz allzusehr auf das MERKURISCHE ein, so können sich im Bereich des MERKURISCHEN freilich auch Behinderungen des Denkens, der Sprache, der Bewegung, der Beziehungsfähigkeit gestalten. Hier bei einem Menschen das vorgegebene Gefügemuster zu erkennen, kann falsche psychologische Diagnosen, zum Beispiel bei sprachbehinderten Kindern, vermeiden helfen. Bei gegebener enger SATURN-MERKUR-Bindung ist eine solche Behinderung nicht allein oder auch nicht im angenommenen Maße auf elterliches Fehlverhalten zurückzuführen. Bei der JUPITER-MERKUR-Verbindung steht MERKUR im Dienste einer Erfassung von Vielfältigkeiten, bezogen auf Gesamtzusammenhänge. Das Zusammenspiel von JUPITER und MERKUR zielt auf Synthesen.

Obwohl die horoskopischen Erfahrungen mit den Planetensymbolen URANUS und NEPTUN auf keine längere Tradition hinweisen können, genügen sowohl die vorliegenden «Wirkungs»-Beschreibungen der Astrologen wie die sehr eindrucksvollen Beobachtungen am Geburtsbildmaterial, um auch in diesen kosmopsychischen Faktoren ein dynamisches Grundelement fassen zu können. Die Funktionsinterpretation für URANUS lautet bei Thomas Ring[33]: «das Umschwungbewirkende»; bei H. A. Strauss: «die schöpferische Funktion»[34].

Es ist das Charakteristische der URANUS-Wirksamkeit, daß plötzliche und unberechenbare Einbrüche in die laufende Kontinuität des Lebens oder in seine stabilen Gegebenheiten erfolgen. Die URANUS-Funktion wird plötzlich, manchmal blitzartig, aktiv. Das URANUS-Potential verkörpert sich gleichsam im Phänomen des konstellierenden Augenblicks.

URANUS als Prinzip scheint weder Kausalität noch Kontinuität zu kennen. Nach Erfahrungen mit dem Geburtsbild stellt sich URANUS als ein aus unbegreiflichen Hintergründen hervorbrechender Impuls dar, der etwas Neues, bisher Unbekanntes oder in dieser Weise noch nicht Erfaßtes ins Spiel bringt. Akzentuierte Aspekte findet man bei schöpferischen, einfallsreichen oder intuitiven Menschen, auch bei solchen, die Blick für das Mögliche, für das anderen Menschen Unsichtbare, aber im Keim Vorhandene haben oder die Einsichten vollziehen können, die nicht etwa rationaler Vorausberechnung entstammen. URANUS steht im Zusammenhang mit der von Jung als psychologische Grundfunktion definierten intuitiven Funktion, von der er sagt, daß sie Wahrnehmungen auf unbewußtem Wege vermittelt und als irrationale Wahrnehmungsfunktion angesprochen werden muß. «Ihre Inhalte haben den Charakter der Gegebenheit, im Gegensatz zu dem Charakter des Abgeleiteten.»[35] URANUS-betontes Erkennen faßt dementsprechend komplexe Tatbestände als ganzes.

Schöpferische Persönlichkeiten, denen Entdeckungen und Neugestaltungen aufgrund von Einfall und Intuition gelangen, zeigen in ihrem Geburtsbild betonte Aspektverbindungen des URANUS vorwiegend zur SONNE oder zu JUPITER. Eine Konjunktion des URANUS mit der SONNE zeigen zum Beispiel die Geburtskonstellationen von Röntgen, Heisenberg und Freud. Einen Trigonal-Aspekt besitzt Mme Curie und viele andere «Einmalige», für deren Werk die Bezeichnung «umschwungbewirkend» angemessen ist.

Längst vor aller Entdeckung eines Planeten Uranus und vor dem bewußten Erleben des URANUS-Potentials als einer Erlebensweise kannten die Menschen das Phänomen des einmaligen, schöpferischen, Neues konstellierenden Augenblicks. Die Griechen sprachen von «Kairos», einem Gott des entscheidenden Augenblicks. Das kosmopsychische Element kann zwar als ein sprunghaftes, intensives Jetzt-und-hier-Erleben beschrieben werden. Es rührt aber gleichzeitig an nicht zu fassende Hintergründe, an Numinoses, das mit der

Gebärde des Schicksalhaften plötzlich in Erscheinung tritt – scheinbar voraussetzungslos. Der ein «Außen» mit der Psyche verbindende Aspekt des URANUS ist nicht zu übersehen.

Der die stabile Lebensform anstrebende und sie allein bejahende Mensch der mittleren Norm scheint keineswegs ein Organ für dieses Prinzip des Lebendigen zu besitzen. So schildert die astrologische Literatur den URANUS-Faktor als ein in sichere Ordnungen einbrechendes Element, das Revolutionen, Katastrophen, Unfälle zu «bewirken» vermag. Die horoskopische Erfahrung kann auf viele Beispiele verweisen. Hier wird die URANUS-Bewirkung als von außen geschehend in ihrem zerstörerischen Aspekt erfahren.

Eine heute höchst aktuelle Variante stellt der mit dem URANUS-Potential bewußt arbeitende Forscher dar. Nicht nur widerfährt ihm der URANUS als blitzartige Erleuchtung, als Einfall, sondern er führt URANUS-Vollzüge willentlich herbei. Man untersuche die Geburtskonstellationen (Tageskonstellation genügt) jener Forscher, deren wissenschaftlicher Einsatz der Atomspaltung galt und die durch ihre Theorien und Experimente gewaltsam in die Konsistenz der Materie einbrachen beziehungsweise durch unermüdliche Bombardierungen der Atomkerne gewaltige Energien freisetzten.

Der «Vater der Atombombe», Oppenheimer, weist in seinem Geburtsbild ein exaktes URANUS-SONNE-Trigon auf. Die Atomphysiker Frédéric Joliot und Irène Joliot-Curie, die auf ihrer Suche nach dem Wesen der Materie mit ihren Atomzertrümmerungsexperimenten größte, wegweisende Erfolge erreichten, besaßen eine Verbindung des URANUS mit dem JUPITER (F.J. eine Konjunktion, I.J.-C. ein Sextil), wie auch Otto Hahn und Lisa Meitner diese Verbindung in ihrem Geburtsbild aufzeigen (sowohl O. H. wie auch L. M. eine Opposition). Es kommt hier nicht auf die Verschiedenheit der Aspekte an, sondern auf das Ineinanderhaken der Funktionen über Aspekt.

URANUS im Zusammenspiel mit seinem großen Gegensatz, dem Ganzheiten erstrebenden, organisches Werden und Zusammenhänge verwaltenden JUPITER: das bedeutet Einbruch in Ordnungswelten, Aufhebungen der Ordnungen der organischen Welt. Andererseits ist dem JUPITER-Prinzip im Menschen die große Aufgabe gestellt, das scheinbar aller Ordnung sich entziehende URANUS-Potential einzubeziehen in menschliche Führung.

Irène Joliot-Curies Konstellation weist übrigens außer der URANUS-JUPITER-Verbindung auch noch einen URANUS-SONNEN-Aspekt auf, den ja auch Marie Curie besaß. Bei Wernher von Braun, dem Raketenforscher, aspektiert die SONNE ebenfalls den URANUS. W. v. Braun fühlte sich bereits als Knabe dazu gedrängt, Raketenversuche zu machen.

Daß auch jene Männer, die sich mittels gigantischer Explosion ins Weltall, ins absolut Neue und Unvorhersehbare schießen ließen, starke URANUS-Aspekte besitzen, kann nicht wundernehmen. In ihrer Wesensstruktur mußte ein Verhältnis zum uranischen Prinzip ja vorhanden sein! Von den mir greifbar gewordenen Geburtsdaten der amerikanischen Kosmonauten zeigt die Konstellation bei Armstrong, Conrad und Gordon den SONNE-URANUS-Aspekt; bei Bean und Collin den JUPITER-URANUS-Aspekt. Diesen Aspekt besitzt auch der erste russische Astronaut: Gagarin.

Die Sicht auf das URANUS-Potential erweitert sich, wenn man bestimmte, als originell bekannte Künstlerpersönlichkeiten auf ihre URANUS-Betonungen hin betrachtet. Der URANUS-Klang wird faßbar im Reichtum der unerwarteten originellen Einfälle, der Vorliebe für das Ungewöhnliche, Exzentrische, Unbürgerliche beziehungsweise den Witz, der «einschlägt». · In den Geburtsbildern von Wilhelm Busch wie von Joachim Ringelnatz und Clown Grock (Wettach) findet sich URANUS verbunden mit JUPITER. An Beispielen dieser Art ist kein Mangel! Sie alle mögen anregen, die Auswirkungen des URANUS-Potentials, das große Aufmerksamkeit verdient, in den verschiedensten Lebensbereichen zu beobachten.

Der Psychotherapeut und Arzt wird das URANUS-Element gar nicht so selten als Störfaktor feststellen können. Dies um so mehr, als das Hektische unserer Zeit den URANUS als Störfaktor im besonderen Maße zum Zuge kommen läßt. Die Sprunghaftigkeit und Augenblickhaftigkeit, die im Bereich der Du-Beziehung (URANUS-VENUS), des Handelns (URANUS-MARS) wie der Denk- und Lernvorgänge (URANUS-MERKUR) gegeben sein kann, wollen bewältigt werden, sowie das häufig hier auftretende Ausbrechen aus der Norm.

Hier rührt URANUS an eine Fülle von Lebensfragen: So wäre seine Position im Gefügebild von Asozialen zu untersuchen. Für derartige Untersuchungen müßte allerdings das vollständig aufgestellte Geburtsbild zur Unterlage dienen, von welchem in unseren Darlegungen bisher noch nicht die Rede sein konnte. Unser Anliegen muß ja vorerst das Erfassen der Funktionsart der verschiedenen kosmopsychischen Strukturkomponenten sein.

Es fehlen uns nun noch die Funktionsbilder der Komponenten NEPTUN und MOND. Die NEPTUN-Komponente wird von H. A. Strauss als «auflösende Funktion» beschrieben, Ring nennt sie «das Grenzüberschreitende». Es läßt sich leicht feststellen, daß die Aspekte des NEPTUN sowohl auflösende wie entgrenzende Impulse übermitteln. Sowohl der auflösende wie der entgrenzende Effekt müssen also im energetischen Anteil der NEPTUN-Komponente enthalten sein.

Neptun ist der sonnenfernste Planet, den wir in die Arbeit am Geburtsbild mit einbeziehen. Der kleine, 1930 errechnete transneptunische Planet Pluto mit seiner Umlaufzeit von etwa 250 Jahren bleibt außerhalb unserer Betrachtung. Mit Recht nennt Xylander in seinem genannten «Lehrgang der Astrologie» diesen Planeten belanglos für das individuelle Geburtsbild. Spekulierende Astrologen bringen seine Positionen mit katastrophalen Kollektivschicksalen und allgemeinen chaotisierenden Zeittendenzen in Beziehung, was dahingestellt bleiben mag.

NEPTUN erhielt bei seiner Entdeckung 1846 seinen Namen durch die Astronomen. Die Astrologen haben keinerlei Einfluß auf die Benennung dieses Planeten gehabt. «Dennoch», schreibt E. v. Xylander, «hätten sie keinen symbolisch richtigeren Namen für ihn finden können.» Im antiken Götterpantheon war NEPTUN die Gottheit des Meeres, der Wellen und der Wogen. Genau diese Bilder aber illustrieren das Wesen des NEPTUN-Potentials, mit dem wir es im Geburtsbild zu tun haben. In diesen Bildern liegt beschlossen das Unbegrenzte, Unbegrenzbare, das Nicht-in-Formen-zu-Fassende. Beobachtungen mit NEPTUN-Aspekten legen nahe, die Bezeichnung «das Schwingende» als charakteristisch für eine NEPTUN-Funktion anzunehmen. Denn das Lösende, Auflösende NEPTUNS führt – in der Gegenbewegung zur verdichtenden Tendenz SATURNS – zwar zum Auflösen alles Formgebundenen;

darüber hinaus aber führt NEPTUN hinein in das Medium der reinen Schwingung. Nur so ist es zu verstehen, daß sehr betonte NEPTUN-Positionen und -Aspekte bei Personen zu finden sind, die mit «Schwingungsbereichen» zu tun haben: mit der Tonwelt, der Welt der Farben, des Tanzes, der physikalischen Welt der Schwingungsphänomene und auch mit der Parapsychologie. Diese so divergenten Bereiche verbindet der Faktor Schwingung. Exakte NEPTUN-Aspekte finden sich aber auch in den Geburtsbildern von differenzierten Menschen, denen Sinn für Atmosphäre, für Zwischentöne im menschlichen Bezug, für Subtilität wesenseigentümlich ist. Als ein Beispiel sei der VENUS-NEPTUN-Aspekt angeführt: Wird VENUS als Fühlfunktion gelesen, so ist bei einer exakten Konjunktion oder einem zugewandten Aspekt seitens NEPTUN zu bemerken, daß diese Menschen ein «Gespür» für das Schwingungshafte zwischen Menschen oder auch in einer Situation zeigen; ein Gespür, das die meisten Menschen nicht besitzen. Oder aber die Fühlfunktion erreicht unbegrenzte Weiten, sie ergreift Transzendierendes. (Exakte VENUS-NEPTUN-Konjunktion bei Teilhard de Chardin, auch bei Chagall.) Das Geburtsbild Rilkes zeigt ein exaktes Trigon zwischen VENUS und NEPTUN: «Durch alle Wesen reicht der eine Raum: Weltinnenraum...» «Es winkt zu Fühlung fast aus allen Dingen.» «Und ist's Gefühl, wer weiß, wie weit es reicht und was es in dem reinen Raum ergibt...» – Das ist die Handschrift VENUS-NEPTUNS!

Für die liebende Beziehung zum Du findet Rilke die Worte: «Doch Alles, was uns anrührt, Dich und mich, nimmt uns zusammen wie ein Bogenstrich, der aus zwei Saiten eine Stimme zieht.» Alle Aussagen Rilkes zum Thema der Liebe zwischen

den Geschlechtern besitzen einen sublimen, sinnlichkeitstranszendierenden Ton. Rilke, der auf vielen Ebenen uns sozusagen ununterbrochen und übersensibel den Schwingungscharakter des Seins aussagte, besitzt mehrere genaue NEPTUN-Aspekte: außer zu VENUS auch zu MERKUR und zu MARS. Durch das Sextil zwischen NEPTUN und MARS ist dem MARS gleichsam seine Stoßkraft und Aggressionstendenz genommen. (Die MARS-NEPTUN-Bindungen wirken sich meist auf der pazifistischen Linie aus.)
An Rilke kann man die Hochform des neptunischen Potentials studieren. Freilich darf nicht übersehen werden, daß von einer Akzentuierung NEPTUNS auch überschwemmende, Formen gefährdende oder gar auflösende Impulse ausgehen können. So unterliegt VENUS im Zusammenspiel mit NEPTUN möglicherweise Illusionen und Projektionen. Die wirklichkeitsgerechte Realisation einer Partnerschaft kann gefährdet sein.
Neptunische Aspekte zwingen im Funktionsbereich der aspektierten Strukturkomponenten zu erhöhter Klarheit und Aufmerksamkeit. Die überschwemmende Tendenz, die in NEPTUN enthalten ist, liegt untergründig stets bereit.
Eine Beobachtung des MERKUR-NEPTUN-Aspekts zeigt, daß in dieser Verbindung MERKUR mit noch größerem Erfolg Sein und Schein vermischen kann, als er dies in seiner linearen Verbindungstechnik ohnehin vermag! Nach Thomas Ring können, bei Mangel des Zusammenspiels der normalen Aufbaukräfte, bei NEPTUN-Konstellationen gefährlich entgrenzende Bewirkungen festgestellt werden. Der neptunische Impuls vermag den aspektierten Funktionen Haltlosigkeit oder Maßlosigkeit zuzuspielen.

Betonte NEPTUN-Aspekte sind fernerhin in Geburtsbildern von Persönlichkeiten zu finden, die sich der Erforschung des sogenannten Übersinnlichen, der parapsychologischen Wissenschaften widmen. Man findet sie ebenfalls bei medialen Persönlichkeiten, bei den telepathisch oder hellseherisch Veranlagten, die über «Schwingungen» wahrzunehmen verstehen, auch bei Sensitiven, die Atmosphärisches erfassen. Das besonders fähige Medium Rudi Schneider des durch seine parapsychologischen Experimente sehr bekannt gewordenen Dr. v. Schrenck-Notzing zeigt im Geburtsbild eine MERKUR-NEPTUN-Konjunktion; sein ebenfalls medialer Bruder Willy Schneider die Konjunktion zwischen NEPTUN und VENUS.

Der Astrologe assoziiert zum Symbol NEPTUN: Rausch, Narkotika, Ekstase, Mystik. Früher waren, durch den noch lebendigen Kulturkanon, NEPTUN-Impulse in den religiösen Erlebnissen des Ergriffenseins von höheren Mächten aufgehoben. Nach dem Verlust dieser Dimension des Erlebens vagabundieren die NEPTUN-Impulse unbezogen. Vor allem Jugendliche, die (unbewußt) transzendierende Erlebnisse suchen, geraten heute in die Gefahrenzone des NEPTUN-Potentials. Sie sehen keine Wege, die in ihnen angelegten NEPTUN-Impulse auf eine differenzierte Ebene hinzuleiten. Versuche von Psychagogen, süchtige Jugendliche über das Schwingungserlebnis Musik, auch über Malen anzusprechen, können jedoch «überleitende» Erfolge aufweisen. Jugendliche selbst drängen zur transzendentalen Meditation und zur Ich-Aufgabe in östlichen, religiösen Praktiken.

Der neptunische Faktor ist also – und dies belegt uns die Erfahrung mit dem Geburtsbild – ein legitimes Strukturelement unserer Seele. Daß so wenig Menschen etwas von diesem

Strukturelement ihrer Seele wissen, ändert nichts an dessen Vorhandensein und dessen Bedürfnis, gelebt zu werden.

Mittels einer verfügbaren NEPTUN-Funktion scheint der Mensch auch seine Kontakte zu sogenannten «feinstofflichen» beziehungsweise «höheren» Welten aufzunehmen. Dem entspräche die exakte NEPTUN-MERKUR-Konjunktion in der Nativität von Rudolf Steiner. In hohem Maße hat Steiner ja auch den Schwingungscharakter der Stoffe und Pflanzen in seine naturwissenschaftliche Sicht hineingenommen.

Das NEPTUN-Element sollte in seiner Möglichkeit, Grenzen des Bewußtseins aufzulösen oder ins Übersinnliche hinein zu erweitern, stets gesehen werden. Im Zusammenspiel mit JUPITER kann sich ergeben, daß das Integrationsvermögen oder die Fähigkeit, Leben in seiner Vielfalt einzubeziehen und hier die Grenzen der Norm zu überschreiten, überdurchschnittlich groß ist.

Goethe besaß ein gradexaktes Trigon zwischen JUPITER und NEPTUN. Papst Johannes XXIII. weist in seiner Nativität eine Konjunktion beider Faktoren auf.

Wenn wir uns nunmehr um die Erfassung der MOND-Komponente im Geburtsbild bemühen, müssen wir weitgehend absehen von der überaus reichen Vorstellungswelt einer Mondsymbolik, wie sie uns von seiten der Kultur- und Religionsgeschichte angeboten wird und wie sie dem Tiefenpsychologen durch seine Arbeit am Unbewußten vertraut ist.

In der Arbeit mit dem Geburtsbild haben wir es mit einem Funktionskomplex MOND zu tun. Die Geburtsbildkomponente MOND enthält «Bewegungstendenzen», die zu dem Gestirn Mond in Korrespondenz stehen. Was das Gestirn Mond mit der Zunahme, der Fülle, der Abnahme und mit dem Ver-

schwinden seines Lichtes dem Menschen vorspielt, erlebt dieser als Wandlungsgeschehen auch in seinen Lebensordnungen.
Die Lebensalter spiegeln diesen Rhythmus in ihrem Wandel – von der Geburt, über Heranwachsen, bis zur Hoch-Zeit des Lebens und bis zum Tod – ebenso wie der Vorgang der Menschwerdung: Empfangen, Wachsen im Unsichtbaren, zunehmendes Vollenden und ans Licht des Daseins treten. Diese Lebensvorgänge wurden in mythenschaffenden Zeiten stets im Zusammenhang mit dem Mondgestirn und auch mit Mondgöttinnen und deren verschiedenen Gestalten und Wirkungsbereichen gesehen, und dies mit Recht, da der Mond wie kein anderer Wandelstern die Lebensvorgänge erfahrbar beeinflußt. Im Geburtsbild vertritt der MOND die eigentümlich «mütterliche» Doppelfunktion des Empfangens und Gebärens. Sein Funktionswert im Geburtsbild ist sowohl zu bezeichnen mit Empfangen, Aufnehmen, Erleben, Perzipieren als auch mit Gebären, Zur-Erscheinung-Bringen (nicht zu verwechseln mit «gestalten»).
Beides, das empfangende Aufnehmen wie das Zur-Erscheinung-Bringen, das Ausdrücken, haben den Charakter des Unmittelbaren.
Als in besonderem Maße MOND-bedingt nennt der Astrologe Kinder, Primitive und das Volk. Sie sind unmittelbar beeindruckbar, und eine enge Verbundenheit besteht zwischen Eindruck und Ausdruck.
Unserer MOND-Funktion und ihres Modus sind wir uns nicht bewußt. Daß wir denken und fühlen, wissen wir, kennen auch in gewissen Grenzen die besondere Note unseres Denkens und Fühlens. Die MOND-Funktion «lebt uns»: Wir sind tagein,

tagaus mit Empfangen von Lebensreizen und unserer Art entsprechendem Reagieren beschäftigt. – Und so weben wir Faden um Faden unseres Schicksals. Unser eigener MOND spielt hier die Rolle der webenden Nornen, jener archetypischen Figuren, die die bildernde Seele für den kosmopsychischen Tatbestand des MOND-Potentials in der Psyche geschaffen hat. Von hier aus ist denn auch die Zuordnung des MONDES zu Schicksal und Ereignis, wie die Astrologen sie vornehmen, zu verstehen.

Mit Recht weist H. A. Strauss[36] darauf hin, daß wir zwar nicht geneigt sind, unser tägliches Reagieren und all die kleinen täglichen Gestaltungen als schicksalsbildend anzuerkennen. «Und doch sind unsere großen Schicksale vorgeformt durch all die vielen kleinen Auseinandersetzungen (oder Unterlassungen) mit den täglichen Situationen. Wir formen täglich an der Gestaltung der uns zustoßenden Dinge im Empfangen und Reagieren. Durch kleinste Reaktionen gestalten wir die Dinge, an deren Ecken – sind sie einmal geworden – wir uns stoßen.»

Das MOND-Element als aufnehmende Funktion ist an sich wahllos offen für alle Reize, die sie treffen. Sie wertet nicht. Werten gehört zur Funktionsart des VENUS-Potentials.

In der Praxis eingeschränkt wird das unbegrenzte Offensein allerdings durch ein «Eingestelltsein auf...», das bewirkt wird durch die Aspekte der anderen kosmopsychischen Faktoren des Geburtsbildes und durch die jeweils gegebene Position des Mondes auf der Ekliptik und in der Tagesstellung. Diese Aussage kann erst im weiteren unterbaut werden.

Während ein extravertierend eingestellter MOND seinen Ausdruck in der sinnenfällig realen Welt sucht, von deren Dingen und Geschnissen er sich auch unmittelbar beeindruckt zeigt, drückt der introvertierend eingestellte MOND seine unbewußt empfangenen seelischen Eindrücke und Vorgänge über die Produktion von Bildern, Symbolen, Gestimmtheiten oder Symptomen aus.

Unter dem Blickpunkt einer psychologischen Funktion steht die MOND-Funktion mit ihrem Perzeptionsvermögen der Empfindung nahe, so verstanden, wie Jung sie als Elementarphänomen beschreibt: einer Funktion, die Vernunftgesetzen nicht unterworfen ist. Aus der Erfahrung mit den Werten der kosmopsychischen Komponenten im Geburtsbild hat sich die Zuordnung der Jungschen Empfindungsfunktion zu MOND, der Fühlfunktion zu VENUS, der Denkfunktion zu MERKUR und der intuitiven Funktion zu URANUS ergeben. Es läßt sich mit dieser Zuordnung das Konstellationsbild lesen.

Die Aspektbeziehungen des MONDES zeigen an, von welchen anderen Faktoren der Nativität die MOND-Funktion durch ihre Empfänglichkeit und Reagibilität am meisten beeindruckt wird, also welche Mitspieler sie in ihren Lebensausdruck unmittelbar einbezieht.

So würde eine enge Bindung der VENUS an den MOND in einfacher Übersetzung lauten: Aufnahmebereitschaft für Lebenserscheinungen, in denen VENUS maßgebend wirksam ist. Andererseits: Einbeziehen des VENUS-Elements in die unmittelbaren Lebensausdrücke. Solche Aussagen bleiben im Rahmen der funktionalen Aktivitäten.

Eine Konjunktion des MONDES mit SATURN – gebunden wie schon erwähnt an einen VENUS-Aspekt – findet sich in der Nativität von Alfred Kubin. Bei diesem Künstler zeigt sich die Offenheit nach der Tiefe hin, beziehungsweise die untergrün-

dige Wahrnehmungsart der MOND-Funktion bezogen auf Seelenbereiche, die mit SATURN-Elementen randvoll gefüllt sind. Kubins künstlerische Formkraft (VENUS ist ja aspektarischer Mitspieler) faßt eine abgründige Seelenlandschaft, in der die unheimlichen, nicht angeschlossenen autonomen Mächte der Tiefe walten und dem Menschen Ängste und Schwere zuspielen. Auch in der Lebensführung des Künstlers, der sich in seinem Bedürfnis nach Stille und Einsamkeit auf seinem abgelegenen bäuerlichen Gut der lauten Welt entzog, ist der Klang der SATURN-MOND-Konjunktion zu spüren.
Und wieder sei betont: hier wurde eine Teilkonstellation aus dem Gesamtbild einer großen schöpferischen Persönlichkeit herausgegriffen: zur Veranschaulichung eines Funktionsspiels. Keinesfalls zeigen auch andere Träger einer SATURN-MOND-Konjunktion die Kubinschen Ausdrücke. So assoziiert Th. Ring aus seiner Erfahrung heraus zu dieser Konjunktion ein besonders schweres Loskommen von frühkindlichen Fixierungen. In diesem Sinne ist auf die SATURN-MOND-Konjunktion bei Rilke hinzuweisen. Die Schwere seiner negativen Mutterbindung ist bekannt; ebenso die großen Ängste, denen er sich als Kind ausgeliefert fühlte. Eine gewisse Lebensangst hat er lebenslang nicht verloren, obwohl er diese teilweise umzuwandeln vermochte in eine tiefe Verpflichtung, das Leben «leisten» zu müssen. Und auch das Thema «Tod» – der letztendliche Ausdruck des SATURN-Prinzips – ließ ihn nicht los.
Von saturnischen Bindungen abgesehen, schließt der Astrologe aus der Position des MONDES im Geburtsbild auf das Verhältnis des Nativen zu seiner Mutter, ferner bei einem Manne auf sein Verhältnis zum weiblichen Partner. Bei einer Frau als

Nativitätsträgerin wird die Position des MONDES als Sinnbild gelesen für die besondere Note der Weiblichkeit dieser Frau, einer Weiblichkeit, die im Mütterlichen gründet und nicht im Liebeswesen des VENUS-Prinzips. Die Erfahrung kann solche Stellenwerte des MONDES im Geburtsbild bejahen, wenn man, Konkretisierendes vermeidend, nur von einem Verhältnis des Nativen zum mütterlichen Prinzip spricht.

So zeigt die Erfahrung mit der besagten SATURN-MOND-Konjunktion, daß der Native von seiner Grunddisposition her (und jedenfalls nicht nur von bestimmten Kindheitserlebnissen her) dazu neigt, gegenüber den Repräsentanten des MOND-Potentials – das nicht nur von Mutter oder Frau dargestellt werden kann – eine auf Haftung gerichtete Tendenz oder eine verneinende Ablehnung zu entwickeln.

Oder aber: mangelnder eigener Realitätsbezug führt immer wieder in Abhängigkeit von bemutternden Personen.

Das Übertragungsgeschehen des Anima- und Animuserlebens scheint in seinem besonderen Vollzug nicht von der MOND-Funktion, sondern von der auf das Ergänzen ausgerichteten VENUS-Funktion getragen zu werden.

Die Übersetzung der Planetensymbole in funktionelle Dynamismen der Psyche, mit deren Hilfe eine Lesung des Geburtsbildes – als Abbild einer individuell-dynamischen Struktur des Unbewußten – möglich ist, sei vorerst abgeschlossen. Es kann gesagt werden, daß ein Arbeiten mit dem energetisch-dynamischen Gehalt des astrologischen Symbols zumindest auf dem Wege einer wertgerechten Lesung eines Geburtsbildes liegt. Man bewegt sich hierbei in der Dimension primärer Bewegungstendenzen des Lebendigen und nicht im Bereich von Charakterschilderungen und zu vermutenden konkreten Aus-

formungen. Diese Ebene wird sachgerechterweise unterlaufen.
Das Vorhandensein und die Weise der im vorigen beschriebenen kosmopsychischen Funktionen sind uns im Bereich der Lebensvorgänge als Ausdruck lebenseigentümlicher Prinzipien ja bekannt: als Kontraktion, Kompensation, als Integration unter anderem. Angesichts des kosmopsychischen Phänomens sehen wir diese Funktionen in einem einmaligen Zueinander-Geordnet-Sein im psychischen (und nicht nur im psychischen) Bereich des einzelnen Menschen tätig: Sie spiegeln in ihrer Konstellation die kosmische Konstellation der Geburtszeit.
Wollten wir auf die sich hier einer Menschenkunde bietenden Einsichten in psycho-dynamische Strukturen beziehungsweise in das Eigenmuster eines Menschen verzichten, weil wissenschaftliche Denkmodelle bezüglich eines Zusammenhangs zwischen planetaren Konfigurationen und Psyche noch nicht vorhanden sind, würden wir uns höchst fruchtbarer und psychologisch grundlegender diagnostischer und therapeutischer Möglichkeiten sinnlos berauben.
Wer immer als Psychologe in der Lage ist, die psychische Grundstruktur eines Menschen, in die er Einblick gewonnen hat, mit der Geburtskonstellation in funktionaler Übersetzung zu vergleichen, wird erfahren können, daß in einer derartigen Bezugsetzung fester Grund gegeben ist, auf dem gebaut werden kann.
An dieser Stelle sei aber noch die bisher nicht behandelte Frage besprochen, warum eigentlich stets die Konstellation der *Geburts*zeit als Meßbild für die kosmopsychische Beziehung genommen wird und warum nicht die Konstellation der (frei-

lich nicht so sicheren, aber doch keineswegs völlig unsicheren) *Empfängnis*zeit, da in diesem Augenblick das Leben doch seinen Lauf nimmt?

Seit dem babylonischen Altertum interessierte der Astrologe sich in der Tat für die Konstellation der Empfängniszeit – in erster Linie allerdings für den Stand des Mondes zur Empfängniszeit.

Da die antiken wie mittelalterlichen Astrologen in ihrer Annahme einer prägenden Gestirneinwirkung so vordringlich auf Ermittlung glücklicher, günstiger Stunden ausgerichtet waren, lag es auch nahe, die günstige Stunde einer Empfängnis zu ermitteln, auf daß das Werden und Wachsen im Mutterleib sich bereits «unter gutem Stern» vollziehe.

Ausgedeutete Empfängnishoroskope sind in der Literatur allerdings selten. Durchgesetzt als Individualhoroskop hat sich allein das Geburtshoroskop, das heißt die Ausdeutung der kosmischen Konstellation, die zur Zeit des Hineintretens des Menschen in die Welt als selbständiges Wesen mit eignem unabhängigem Kreislauf und Stoffwechsel, mit eignem Lebensrhythmus, gegeben war. Erst im Geburtsaugenblick werden bestimmte Lebensfunktionen (Atem) ausgelöst und treten bestimmte Regulationen im Organismus in selbständige Tätigkeit. Das *individuelle* Leben beginnt. Ein Leben als erlebendes Wesen beginnt. Man könnte mit einer gewissen Berechtigung auch formulieren: Im Geburtsaugenblick tritt der Mensch als Eigenwesen in die Spannungsqualität eines Zeitmoments und damit in «sein» Feld. Und diese «Feldgebundenheit» bestimmt fortan die Einsatzweise seiner psychischen (und nicht nur psychischen) Funktionen.

Es wäre dies eine Verstehensbrücke für die ja vorliegenden

Fakten. Daß dennoch der Mensch auch sein bisheriges vorgeburtliches Werden innerhalb der Korrespondenz Kosmos-Psyche vollzogen hat, ist selbstverständlich. In dieser Frage sei auf den tragenden Gedanken des naturwissenschaftlichen Autors M. E. Winkel hingewiesen, der die Geburt, kosmobiologisch gesehen, nicht als Anfang, sondern als Abschluß eines Werdeganges ansieht, bei welchem notwendigerweise eine Isomorphie bestehen muß zwischen der dynamischen Struktur des nunmehr ins Leben getretenen Menschen und dem gegebenen kosmischen Spannungszustand.

«Der kosmische Querschnitt im Augenblick des ‹Individuellwerdens› eines menschlichen Wesens, also im Augenblick seiner Geburt, ist in seinen potentiellen Spannungen sinngleich dem Spannungszustand und der Betonung bestimmter Funktionsstrebungen in diesem menschlichen Individuum.»[37]

Von dieser Aussage her ist auch ein so häufig von Materialunkundigen erhobener Einwand gegen den Wirklichkeitsgehalt einer Nativität zu entkräften, der besagt, daß zu gleicher Zeit geborene Menschen, und so auch Zwillinge, doch sehr unterschiedliche Charaktereigenschaften besitzen können. Jedoch die gleiche psychodynamische Grundstruktur, mit welcher allein wir es zu tun haben, ergibt noch lange keinen gleichen Charakter. Die Feststellung charakterlicher Verschiedenheit bei Zwillingen ist eher ein Beleg für die Unrichtigkeit eines charakterologischen Ansatzes beim Lesungsversuch einer Nativität.

Der von Nativitätsunkundigen ferner aufgestellten These, bei Gesichertheit des Wissens um die Erbvorgänge sei für eine Bedeutung der Geburtsstunde keinerlei Platz gegeben, wäre entgegenzusetzen, daß das Gewebe des Erbgeschehens viel zu verflochten ist, als daß alle beteiligten Faktoren bekannt wären. Der unbekannten Faktoren sind noch viele: so wann und wodurch letztlich latente Erbanlagen in den Genen, die sich in einem inaktiven, keine Informationen abgebenden Zustand befinden, aktiviert werden, das heißt zur Einwirkung auf die Lebensfunktionen kommen.

Zumindest wäre die Vermutung erlaubt, daß der kosmobiologische Faktor von der Empfängnis an *mit im Spiel* ist, worauf die Ähnlichkeit planetarer Positionen in den Geburtsbildern von Eltern und Kindern – auf die bereits Kepler aufmerksam gemacht hat [38] – hinweist. Von hier aus gesehen relativiert sich auch die Bedeutung der ärztlich gesteuerten Geburtszeit.

Das bei jedem Menschen einmalige Ordnungsbild seiner psychischen Potentiale, dessen Meßbild die Nativität ist, erweist sich einer jahrhundertelangen und stets neu zu vollziehenden Erfahrung nach als lebenslang konstant, quasi dem organischen Gedächtnis dieses Menschen zugehörig. Dazu nochmals Joh. Kepler, dem Erfahrung in der Beobachtung von Nativitäten zugestanden werden muß: «Obwohl der Himmel (nach der Geburt) in alle möglichen Veränderungen übergeht, bleibt dennoch im Menschen der Charakter jener Position bewahrt, der Position nämlich, die sich am Himmel fand, als das Leben des Menschen in der Geburt entzündet wurde.» [39]

Lichtwandel im Jahreslauf und «innerer» Tierkreis

Nur kurz konnte bisher der hochbedeutsame Faktor SONNE betrachtet werden. Dieser Betrachtung müssen wir uns nunmehr eingehend widmen. Wir können jedoch aus der Fülle der religions- und kulturgeschichtlichen Symbolik, in der sich die tiefe Bindung des Menschen an das sein Leben tragende Gestirn niedergeschlagen hat, nur das in unser Thema hineinnehmen, was unseren Fragenkreis «Geburtskonstellation und Psyche» betrifft. Freilich steht auch im Hintergrund unserer Sicht das Wissen, daß der frühe Mensch allerorts und Jahrtausende hindurch die Sonne als mächtigstes Wesen, als Gottheit verehrt hat – als jene zeugende Kraft, durch welche alles Leben lebt.

In zahllosen Bildern suchte der prärationale Mensch die SONNEN-Qualität zu fassen: die Sonne ist das Herz, ist das Gold, ist das Feuer, ist der König. In gleichem Sinne versteht sich auch heute noch das Symbol SONNE im Geburtsbild. Sie repräsentiert dort das Potential der Lebensenergien schlechthin. So vitalisiert sie, als Strukturelement betrachtet, in erhöhtem Maße diejenigen «planetaren» Komponenten, mit denen sie im Aspekt verbunden ist: Diese erweisen sich erfahrungsgemäß im psychophysischen Strukturbild des Einzelnen als besonders funktionsstark.

Das eindrucksvollste Erlebnis des Menschen aber verband sich seit je *mit dem Lauf des Sonnengestirns, dem Tageslauf wie dem*

Jahreslauf, dem Auf- und Untergehen, Verschwinden und Wiederkehren der Sonne. Dieser Sonnenlauf beschert dem Menschen seit undenklichen Zeiten den rhythmischen Wechsel von Lichtfülle und Dunkelheit.

Da es hier unsere Aufgabe ist, die «Bedeutung» des Faktors Sonne im Geburtsbild aufzuzeigen, müssen wir insbesondere dem Sonnenlauf des Jahres mit dem Wechsel von Lichtfülle und Lichtminderung unser Augenmerk zuwenden. Denn im Jahressonnenlauf fassen wir den Außenanteil eines uralten Symbolgebildes: des sogenannten Tierkreises.

Die Bedeutung des Lichtes (seiner Intensität, seiner Fülle und seines Fehlens) für alle lebendigen Prozesse ist der Biologie bekannt.

Ebenso weiß man heute, daß ein über lange Zeiträume stattfindender Licht-Dunkel-Wechsel entsprechende endogene Rhythmen in Organismen zu konstellieren vermag, die dann dort auf lange Zeit hin erhalten bleiben. Dies gilt auch für das Licht-Dunkel-Spiel des Jahreslaufes, in welches der Mensch seit seiner Existenz auf Erden hineingeboren ist[40].

Diese Tatsache müssen wir uns vor Augen halten, um jenes Phänomen in seiner Möglichkeit zu verstehen, das Paracelsus und Johannes Kepler den «inneren Tierkreis» genannt haben und das sich als ein konstantes Strukturelement der Psyche mit kosmogenem Anteil darstellt.

Wir begegnen in diesem «inneren Tierkreis» seelischen Tendenzen, die sich nach dem Rhythmus des Jahreslaufes der Sonne ausgerichtet zeigen, *ohne aber dem aktuellen Wandel der Jahreszeiten unterworfen zu sein.* Die Licht-Dunkel-Rhythmen des Sonnenjahres mit seinen Perioden des ansteigenden und abnehmenden Lichts, seiner sommerlichen Lichtfülle und winterlichen Dunkelfülle zeigen sich als Lebensmuster in die Psyche eingekörpert. Wir finden in der Psyche ein «Tierkreis»-analoges Bereitschaftssystem; das heißt, wir können einem solchen Bereitschaftssystem in der tiefenpsychologischen Arbeit begegnen, wenn wir es sachkundig anvisieren.

Die Erklärbarkeit dieser Tatsache liegt etwa auf der Linie der Erkenntnis des Physikers Max Knoll[41], daß es in den Organismen eine «endogene Zeit» gibt, die durch eine gewisse Aufeinanderfolge von geoperiodischen, biologischen Aktivitäten gekennzeichnet ist. Einmal exogen in Gang gesetzt – in unserem Falle durch den Licht-Dunkel-Wechsel des Jahreslaufes seit undenklichen Zeiten –, agieren diese Aktivitäten jetzt endogen rhythmengerecht weiter.

Im Umgang mit der Tierkreissymbolik bewegen wir uns also wiederum in der Nähe jener «Nahtstelle», woselbst archetypisch Strukturierendes sich mit einem Außenkosmos der Rhythmen, Schwingungen, Frequenzen (Lichtfaktor) und Intensitäten berührt.

Die Bewegungstendenzen, welche die 12 Tierkreiszeichen repräsentieren, wie auch die Aufeinanderfolge dieser Zeichen spiegeln deutlich die Teilhabe der unbewußten Psyche (oder Biopsyche) an jenen Licht-Dunkel-Vorgängen des Sonnenlaufes, die für den Menschen als Bewohner der Zonen nördlich und südlich der Wendekreise eine kosmische Bedingtheit sind.

Es muß hier darauf hingewiesen werden, daß die astrologische Tierkreiskonzeption nördlich des Wendekreises des Krebses entstanden ist und auch nur dort ihre astrologische Verwendung erfuhr, gebunden an den jahreszeitlichen Licht-Dunkel-Wechsel eben dieser Zonen. Das bedeutet eine Relativität der symbolisierten Bewegungstendenzen, die wir beachten müssen. Darüber später mehr.

Es mag dem Leser ungewohnt sein, in unseren Darlegungen einem Tierkreis ohne Sterne zu begegnen. Wir haben hier eine Korrektur unseres Bildungswissens zu vollziehen. Mit den Sternen haben die 12 bekannten *Tierkreiszeichen,* «Widder», «Stier», «Zwillinge» usf., nichts zu tun, obwohl wir ja am Nachthimmel die *Sternbilder* des «Widders», des «Stiers», der «Zwillinge» ausmachen können. Die Sternfiguren mit den Namen der Tierkreiszeichen sind aber weder die Träger noch die Ursache der Tierkreissymbolik. Sie verdanken ihre Namen einem Projektionsvorgang: Bereits in altbabylonischer Zeit, oder schon vorher, wurden (wie sich heute vom Material her übersehen läßt) prärational erfahrbare kosmopsychische Bewegungstendenzen, zusammenhängend mit dem Lauf der Sonne, auf jene Sterngruppen übertragen, die entlang des Weges der Sonne zu sehen waren.

Im alten China dagegen wurden diese auch dort erfahrenen Bewegungstendenzen *nicht auf den Sternhimmel projiziert,* sondern in der irdischen Lebenswelt belassen, wofür die sogenannte «innerweltliche Ordnung» des altchinesischen «Buches der Wandlungen» des I Ging ein eindrucksvoller Beleg ist[42]. Max Knoll weist in seiner obengenannten Arbeit darauf hin, daß auch in dem alten taoistischen I Ging die periodischen Phasen des Tages- und Jahreslaufs der Sonne in Zusammenhang gebracht wurden mit endogenen Aktivitätsrhythmen in der Natur und im Menschen. Diese Tatsache, daß im alten China derartige Aktivitätsrhythmen nicht auf Sternfiguren übertragen wurden, müssen wir im Auge behalten, denn die kosmopsychische Ordnungskonzeption, wie sie der I Ging enthält, kann uns bei der weiteren Interpretation der Tierkreissymbolik außerordentlich hilfreich sein.

Zu den Benennungen Tierkreis, Sternbild und Tierkreiszeichen sind einige erklärende Worte vonnöten: Als Tierkreis wird einmal ein Gürtel von 12 Sternbildern verschiedener Größe bezeichnet, durch welchen die scheinbare Jahresbahn der Sonne (die Ekliptik) verläuft. Zum anderen wird der in 12 gleiche Abschnitte unterteilte Kreis der Ekliptik, jeder Abschnitt zu 30 Grad gerechnet, ebenfalls Tierkreis genannt. Diese 12 Abschnitte auf der Ekliptik sind die uns allgemein bekannten Tierkreiszeichen. Ihre Zählung beginnt am Punkte der Frühlings-Tagundnachtgleiche mit 0 Grad «Widder». Das Tabellenwerk der Ephemeriden gibt für jeden Tag den Stand von Sonne, Mond und Planeten an, gemessen auf der Ekliptik im 30-Grad-Bereich des jeweiligen Tierkreiszeichens.

Die 12 Sternbilder, wie sie zuletzt von den Griechen bei einer figürlichen «Ordnung» des gestirnten Himmels als die Figuren zusammengefaßt worden waren, die wir in dieser Form heute noch kennen, spielen bei unseren Überlegungen keine Rolle. Das Licht-Dunkel-Spiel des jährlichen Sonnenlaufes, das seinen Niederschlag in den Symbolen der Tierkreiszeichen fand, betrifft sie nicht. Wer sich mit der Symbolik der Tierkreiszeichen beschäftigt, muß *von dem Vorhandensein zweier Tierkreise* – eines siderischen, an den *Sternbildern* orientierten, und eines tropischen, *am Jahressonnenlauf* orientierten – Kenntnis nehmen.

Die Tierkreis-Konzeption, wie die Namen der meisten Tierkreiszeichen, sind aus altbabylonischer Zeit (2. Jahrtausend v. Chr.) bekannt. Es darf angenommen werden, daß die altbabylonischen Astrologen, in Unkenntnis der Verhältnisse unseres Sonnensystems, glauben mußten, gewisse «Einflüsse», die sie an die Tierkreiszeichen knüpften, kämen von jenen Sternen, die der Sonnenbahn entlang zu sehen waren.

Diese Auffassung änderte sich bereits bei den Astrologen der hellenistischen Zeit, als der griechische Astronom Hipparch (2. Jahrhundert v. Chr.) den Vorgang der Präzession entdeckt hatte. Hipparch hatte durch den Vergleich von zu seiner Zeit gültigen Sternverzeichnissen mit älteren und ältesten, von Babylon tradierten Sternlisten festgestellt, daß der Punkt auf der Ekliptik, an dem die Sonne genau zur Frühlings-Tagundnachtgleiche zu sehen war, gegenüber den besagten Fixsterngruppen nicht feststand, sondern daß laufend eine Verschiebung der den Sonnenkreis markierenden Punkte der beiden Tagundnachtgleichen und der beiden Sonnenwenden gegenüber diesen Fixsterngruppen stattfand.

Dies geschieht aufgrund einer damals noch unbekannten kreiselnden Bewegung der Erdachse.

In der Folge rückten die Tierkreis-Sternfiguren am Himmel und die Tierkreiszeichen der Sonnenbahn mehr und mehr auseinander. Die Entdeckung der Präzession hielt die Astrologen jedoch nicht davon ab, sich in ihrer astrologischen Praxis unbeirrt weiter auf die Tierkreiszeichen der Sonnenbahn zu beziehen und niemals auf die gleichnamigen Sternbilder. Man darf ruhig sagen, daß ihre kosmopsychische Erfahrung, wie undifferenziert sie auch war, ihnen solches gebot. Sie stimmten also überein mit der Ansicht des griechischen Sternsagen-Dichters Aratos (3. Jahrhundert v. Chr.), der geäußert hatte, dem astrologischen Tierkreis lägen keine Sterne, sondern natursymbolische Motive zugrunde[43].

Da die dichterische Phantasie der Griechen nun aber – und

zwar ganz ohne astrologische Gedankenführung – sich der Figuren des gestirnten Himmels angenommen hatte und an diese Figuren mythische Motive aus ihrer eigenen mythenreichen Vergangenheit spielerisch geknüpft hatte, war es einer geistes- und kulturgeschichtlich orientierten Wissenschaft (die einen realen Kosmos-Psyche-Bezug für unmöglich hielt) nicht gegeben, einen sachgerechten Unterschied zu machen zwischen Sternbildern mit Tierkreisnamen einerseits und den Tierkreiszeichen als den Trägern einer Sonnenbahnsymbolik andererseits. Und so erhielt sich in wissenschaftlichen Kreisen bis heute der immer wiederholte Einwand, die Astrologie habe die Unsinnigkeit ihrer Konzeption dadurch erwiesen, daß sie in ihren Horoskopen mit einem Tierkreis arbeite, der sich längst nicht mehr mit dem Sternbilderkreis der Antike decke. Also arbeite man mit einer Illusion. Die Illusion liegt auf der Gegenseite!

Auf das Thema der zwei Tierkreise muß später noch einmal zurückgegriffen werden, weil das Nicht-Orientiert-Sein in dieser Frage eine unbeschreibliche Wirrnis bis in heutiges namhaftes Schrifttum hinein[44] hervorgerufen hat («Wassermann»- und «Fische-Zeitalter»). Durch einen Fehlansatz der astrologisch kenntnislosen Astralmythologen des beginnenden 20. Jahrhunderts – und nicht etwa der alten Astrologen – wurden die symbolisch irrelevanten Sternbilderfiguren der griechischen Sphäre zu Meßpunkten kulturgeschichtlicher Perioden. Schriftsteller und Esoteriker (auch unter den Astrologen) griffen das hier gebotene Gedankengut begeistert auf[45].

Der auf der Ekliptik gemessene, die Sonnenbahnsymbolik enthaltende Tierkreis mit seinen 12 Zeichen ankert also in vier naturgegebenen Punkten. Es sind dies die Frühlings-Tagundnachtgleiche (0 Grad «Widder»), die Sommersonnenwende (0 Grad «Krebs»), die Herbst-Tagundnachtgleiche (0 Grad «Waage») und die Wintersonnenwende (0 Grad «Steinbock»), in welcher die Dunkelzeit im Jahreslauf ihren höchsten Stand erreicht.

Bereits diese vier tragenden Punkte des Tierkreises weisen auf seinen Inhalt: den Wandel des Lichts.

In der Astrologie wurden von jeher mit den einzelnen Tierkreiszeichen[46] gewisse Vorstellungen ihres «Wesens» und ihrer «Wirkung» verbunden. In diesen Schilderungen von Wesen und Wirkung werden jene genannten energetischen Momente des siegenden Lichts, der sommerlichen Lichtfülle, des abnehmenden Lichts und der winterlichen Dunkelfülle sichtbar, sofern man den Blick auf sie richtet.

Es ist nun durchaus möglich, die tradierten Bilder der Tierkreiszeichen unter diesem Gesichtspunkt zu betrachten, denn als Symbole enthalten sie auch ihren energetischen Hintergrund. Jedoch sind gerade die 12 Bilder der Tierkreiszeichen beim Publikum sehr bekannt, ja äußerst beliebt, und so führen sie längst ein springlebendiges Eigenleben in einer volkstümlichen Typologie. Solche in Allgemeinvorstellungen festgefügten Bilder aus ihrer Fixierung lösen zu wollen, um zu ihrem energetischen Hintergrund zu gelangen, ist schwerer, als ein anderes psychisches Erfahrungsmodell, das demselben Spiel zwischen Kosmos und Psyche seine Existenz verdankt, gleichsam vorzuschalten. Es ist dies die schon genannte «innerweltliche Ordnung» des altchinesischen I Ging.

Es mag befremden, daß hier um einer Interpretation der bekannten Tierkreiszeichen willen so weit in Vorstellungswelten der Vergangenheit zurückgegriffen wird und gar in Gedankengänge, die nicht aus unserem Kulturkreis stammen. Daß aber ein solches Heranziehen für unsere psychologische Arbeit kein unnötiger Umweg ist, werden die Beispiele zeigen können.

«I Ging, das Buch der Wandlungen» ist ein Werk, das bereits zur Zeit des Konfuzius (Kungtse) als Weisheitsbuch galt und das diesen Ruf bis heute nicht verloren hat. Wer C. G. Jungs Schrifttum kennt, weiß, welche Beachtung er gerade diesem Werk in dessen ganzheitlicher Lebensschau und seiner uns heute so nahen dynamischen Weltsicht gezollt hat.

Von diesem «Buch der Wandlungen» werden uns in unserer Frage nach der Bedeutung der Tierkreiszeichen genaue psychoenergetische Antworten angeboten, die bei uns fehlen oder doch nur als Überlegung im astrologischen Schrifttum vorhanden sind.

Mit Hilfe der Gedankengänge der «innerweltlichen Ordnung» des I Ging kann die psychologische Bedeutung der einzelnen Tierkreiszeichen geradezu vom Kern her erfaßt werden.

In archaischer Sprache vermittelt sie uns ohne jede astrologische Gedankenführung die sehr frühe Einsicht des Menschen, daß kosmische Vorgänge, wie der Wechsel von Licht und Dunkel in den Tages- und Jahreszeiten, sich in die Struktur der Psyche eingekörpert haben und daß sie in der Psyche ihr Wirksamkeitsfeld besitzen. Ein Kommentar des Kungtse lautet: «Indem die heiligen Weisen die Ordnungen der Außenwelt bis zum Ende durchdachten und das Gesetz des eigenen Inneren bis zum tiefsten Kern verfolgten, gelangten sie bis zum Verständnis des Schicksals.» «Sie betrachteten die Veränderungen im Dunkeln und Lichten und stellten danach die Zeichen fest.»

Die Zeichen: das sind im «Buch der Wandlungen» acht Trigramme, die wie ein Grundalphabet allen Aussagen über die Kräftekombinationen in der Welt wie auch über die Bewegungstendenzen des in der Zeit verlaufenden Lebens – auch des Psychischen – zugrunde liegen. Ein jedes dieser Zeichen gibt ein anderes Mischungsverhältnis zwischen dem Hellen und dem Dunklen an. Je nach der Betrachtungsweise, der man die Trigramme unterstellt, zeigen sie eine gewisse notwendige Aufeinanderfolge. Ist der Blick gerichtet auf das gegenwärtige Leben in seiner Entfaltung, so ergibt sich in der Aufeinanderfolge der acht Trigramme das Bild der sogenannten «innerweltlichen Ordnung». Eine andere Ordnung drückt die unveränderlichen Polarisationen der Kräfte in der Welt aus. Sie wird die «vorweltliche Ordnung» genannt. Diese Ordnung hat statischen Charakter, während die «innerweltliche Ordnung» eine dynamische Lebenssicht ausdrückt. In der «innerweltlichen Ordnung» werden Bewegungstendenzen gefaßt, die im Lebendigen und so auch in der menschlichen Seele analog zu jahreszeitlichem und tageszeitlichem Licht-Dunkel-Wechsel erfahren werden können.

Wenn ich mich hier auf diese Ordnung des I Ging beziehe, so nur auf diese, da sie im Zusammenhang mit unserem Thema gesehen werden darf. Ich beziehe mich nicht auf den I Ging in seiner (geheimnisvollen) Funktion als Divinations-Instrument, als welches es C. G. Jung in seine Synchronizitätsüberlegungen einbezogen hat.

Die Namen der acht Trigramme (in der Folge der «innerweltlichen Ordnung») sind: DSCHEN – das Erregende, SUN – das

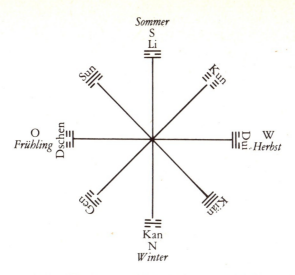

Abb. 2: Die «innerweltliche Ordnung» des I Ging

Sanfte, LI – das Haftende, KUN – das Empfangende, DUI – das Heitere, KIÄN – das Schöpferische, KAN – das Abgründige, GEN – das Stillehalten.
Zu DSCHEN – dem Erregenden lautet der Text: «Alle Wesen treten hervor im Zeichen des Erregenden. Das Erregende steht im Osten.» Diesem Erregenden ist zugeordnet der Frühling und der Morgen des Tages, das heißt, DSCHEN entspricht solchen Kräften, wie sie sich am Morgen des Tages und im Hervortreten des Frühlings zeigen. Das Hervortreten der Wesen im Zeichen DSCHEN geschieht – wie es im Text weiterhin heißt – entschieden und heftig, einem galoppierenden Pferd vergleichbar. Die Bewegungstendenz DSCHEN ist stark aktiv. Wo sie in den Lebewesen wirkt, ist sie nicht etwa gebunden an die Frühlingszeit oder den Morgen, mit denen sie verglichen wird. Frühling und auch Morgen bebildern nur die Dynamik

des Erregenden, eine Dynamik, die als Grundmöglichkeit seelischen Verhaltens zu verstehen ist. Die gleiche Dynamik wie DSCHEN versinnbildlicht in unserem Tierkreis das Zeichen «Widder», ebenso Zeichen des Frühlings, Zeichen des siegenden Lichts – und ebenso (als Element des «inneren Tierkreises») nicht an die effektive Jahreszeit gebunden.

Auch dem «Widder»-Zeichen der astrologischen Tradition wird ein initiatorischer, herausbrechender Ausdruck zugeschrieben, der auch als sehr jugendlich charakterisiert wird.

Brehm schildert das Tier Widder als Naturwesen (also ungezüchtet) als äußerst lebhaft, schnell, mutig, angreifend. Der alte Symbolwert dieses Tieres deckt sich also mit seinem Naturverhalten. Im Umgang mit der Nativität können wir die Erfahrung machen, daß bei einer Position des MERKUR oder der VENUS oder anderer planetarer Elemente im «Widder» die betreffende Funktion einen lebhaften anlaufartigen Modus zeigt, etwa impulsiv und rasch einsetzend und nicht verweilend: Es ist ein Modus des In-Angriff-Nehmens.

Eine große Reihe bahnbrechender, initiatorischer Persönlichkeiten der Natur- und Geisteswissenschaften wie der Politik zeigen in ihren Geburtsbildern eine mehrfache «Besetzung» des Zeichens «Widder».

Dem Sommer zugeordnet finden wir im I Ging: LI – das Haftende. «Das Haftende ist die Helle, in der alle Wesen einander erblicken.» Dem Zustand der Lichtfülle entspricht in der Seele das Eintauchen in die Erscheinungsfülle der Welt.

Das Wort «Seele» sei hier und im folgenden als offener Begriff für eine komplexe zum menschlichen Organismus gehörige Wirklichkeit erlaubt.

Die Seele kann sich dieser Erscheinungsfülle beziehungsweise der Macht der sichtbaren und erlebbaren Welt nicht entziehen. Wie die Bezeichnung «das Haftende» besagt, haftet sie an den Erscheinungen, das heißt, sie vermag sich nicht zu distanzieren. Der I Ging rät zu LI – dem Haftenden: «Indem der Mensch... freiwillige Abhängigkeit in sich pflegt, erlangt er Klarheit ohne Schärfe und findet seinen Platz in der Welt.»
Im abendländischen Tierkreis zeigt der Abschnitt der Sommersonnenwende das Zeichen «Krebs». Symboltier ist hier der Krebs, dessen Scheren zu umklammern und festzuhalten verstehen [47].
Auch hier erklingt das Motiv des Haftenden im Bilde der Krebsscheren. Das «Haftende» als die dominante Bewegungstendenz des Mediums «Krebs» ist in der Arbeit am Geburtsbild unschwer festzustellen, und zwar an dem eigentümlich beharrenden Modus, den die «Krebs»-betonten kosmopsychischen Funktionen besitzen. Die einzelnen Funktionen agieren zwar stets ihrer Funktionsart entsprechend, aber ihr Äußerungsmodus wird bestimmt von jenem rhythmisch-dynamischen Element des «inneren» Tierkreises, an das sie konstellativ gebunden sind.
Zur Sommer-Sonnenwendzeit hat das zunehmende Licht seinen Höhepunkt erreicht. Ein Stillstand, ein Anhalten ist eingetreten. Dann setzt ganz langsam eine Rückläufigkeit der sommerlichen Lichtfülle ein. In Korrespondenz mit diesem kosmischen Vorgang ist auf seiten des Unbewußt-Psychischen die Tendenz des Haftenden, aber auch das Rückwärtsgewendete zu verstehen, die beide vom Zeichen «Krebs» repräsentiert werden.
Der Astrologe assoziiert – im Einklang mit einer oft zu ma-

chenden Erfahrung – zu diesem Zeichen: Beziehungen zu Heimat, Volk, Tradition und Vergangenheit. Es ist zu beobachten, daß eine VENUS oder ein MERKUR im «Krebs» sich im Verfolgen historischer oder traditioneller Interessen beharrlich einzusetzen wissen. Beide Funktionen speichern in diesem Zusammenspiel: Gefühle werden bewahrt, Gedanken werden behalten. Die in diesem Medium tätigen Funktionen unterstützten allerdings auch ein Beharren, ein Haften in Situationen und Bindungen, die vom übrigen Status der Persönlichkeit her längst aufzulösen wären.

Das «Krebs»-Medium fördert eine sensible Beeindruckbarkeit, ein unreflektiertes Aufnehmen (es gilt in der Tradition als MOND-Zeichen), ein Absinken-Lassen, ein bewußtes wie unbewußtes Bewahren. Die über dieses Medium arbeitenden Funktionen zeigen jede in ihrer Art den Modus solchen Verhaltens. Bei der psychologischen Relevanz bewahrender, nicht abreagierender Verhaltensweisen ist es von Bedeutung, über das Geburtsbild erfahren zu können, welche der psychischen Funktionen strukturbedingt in dieser Weise arbeitet: Zum Beispiel hat eine MARS-Funktion im «Krebs» Schwierigkeiten, ihre aktiv vorstoßende Funktionsart zu realisieren. Ein solcher Funktionsmodus kann freilich seinen Wert im Rahmen innerseelischer Aktivitäten besitzen.

Das Sinnbild des Zeichens «Krebs» ist ein Schalentier, das seine Weichheit hinter schützender Schale verbirgt. Auch zu LI, dem Haftenden, werden Schalentiere assoziiert: Schnecke, Muschel, Schildkröte. Das sind Bilder innerer Weichheit, die sich zu schützen sucht vor einem Ausgeliefertsein an die Welt der Erscheinungen. Ohne Widerspruch zu dieser Aussage vermag die Welt-Nähe, die Nähe zu den Dingen, die das Haftende mit sich bringt, einen Real-Sinn zu konstellieren, wie den Blick für Gegebenes und Nächstliegendes. Dies kann vornehmlich bei einem extravertierten Eingestelltsein beobachtet werden.

Wir können die zu «Krebs» namhaft gemachten Bewegungstendenzen, wie im weiteren auch die der folgenden «Zeichen», am besten an solchen Geburtsbildern beobachten, in welchen drei oder mehr Planeten in ein und demselben Tierkreisabschnitt ihre Position besitzen. Bei einer Planetenhäufung in einem Tierkreisabschnitt agieren mehrere Funktionen, und zwar lebenslang, in der Dynamik der diesem Abschnitt psychisch entsprechenden Bewegungstendenz. Das ergibt ein wahrnehmbares Klangbild.

Eine solche Erfahrung ist nicht davon abhängig, daß auch die Geburtssonne in dem gleichen Abschnitt steht. In Volkskreisen hat sich bekanntlich eine sehr beliebte Typologie aufgrund des Standes der Geburtssonne in einem bestimmten Tierkreisabschnitt herausgebildet. Man ist ein «Krebs», ist ein «Löwe», und diese Aussage wird allgemein im Sinne gewisser Wesenszüge verstanden.

Vom individuellen Grundgefüge eines Menschen her gesehen, vitalisiert der Sonnenstand der Geburt zwar die entsprechende Bewegungstendenz des «inneren Tierkreises», aber dies ist, bei aller dynamischen Betonung, ein Faktor unter anderen Faktoren. Erst der Zusammenklang setzt die individuellen Akzente. Das Funktionenspiel der Kon-Stellationen erst gibt uns den individuellen Maßstab in die Hand.

So ist es nicht allein die SONNE im «Krebs», die den ungewöhnlich starken Klang des Haftenden im Erscheinungsbild des französischen Dichters Marcel Proust evoziert hat. Im Geburtsbild dieses Dichters spielen vier Akteure auf der Ebene des Haftenden: Sowohl die SONNE wie MERKUR (sagen wir hier: die Denkfunktion) wie JUPITER (die assoziierende und verarbeitende Funktion) als auch der schöpferische URANUS haben ihre Position im Zeichen «Krebs», also im Führungsfeld des Haftenden und Bewahrenden.

Das Werk von Marcel Proust ist in seltener Ausschließlichkeit auf Erinnerungen gestellt. Sein siebenbändiges Hauptwerk «Auf der Suche nach der verlorenen Zeit» gilt in der Literatur als geradezu gigantisches Erinnerungswerk. Sein übersensibles Wahrnehmen aller äußeren Erscheinungen und inneren Vorgänge verströmte sich nicht in der Gegenwart, sondern haftete in seiner Seele mit solcher Intensität, daß er längst vergangene Empfindungen in eine gegenwärtige Wahrnehmung zurückzurufen vermochte. JUPITER leistete hier eine überreiche Assoziationsarbeit.

Bei solcher Überflutung von den Eindrücken der äußeren und inneren Welt ist Schutzsuche die notwendige Gegenbewegung. Bis zum Tode seiner Mutter im 35. Lebensjahr lebte er in ihrem Schutzkreis. Später verkapselte er sich in abgeschlossene Räume. Von Jugend an hatte er das Bedürfnis nach Abschirmung. Ein solches Schalentier-Verhalten ist freilich ein Extrembeispiel einer «Krebs»-Einstellung. Sie verdeutlicht aber gerade in der Überbetonung[48] einen Hauptmodus dieser Bewegungstendenz.

Eine andere ebenfalls bedeutsame Variante des Strukturelements «Krebs» können wir am Werk der großen Historikerin und Dichterin Ricarda Huch feststellen, deren Geburtsbild die SONNE, den MERKUR und die VENUS in enger Konjunktion im «Krebs» aufzeigt. Ihr Lebenswerk war, nach den ersten

Romanen psychischer Sensibilität, ebenfalls der Vergangenheit gewidmet, einer Vergangenheit großer Epochen und bedeutender Persönlichkeiten. Es seien in Erinnerung gerufen die umfassende Darstellung des Dreißigjährigen Krieges, «Der große Krieg in Deutschland», sowie historisch bedeutende Werke über Garibaldi, Wallenstein, Luther, Bakunin – um nur einige ihrer Themen zu nennen. Auch dieser Autorin gelingt es in ganz hohem Maße, vergangene Gestalten und Geschehnisse mit ihrer Problematik lebensnah in die Gegenwart hereinzuholen. Ricarda Huchs Werk über die deutsche Romantik sucht ebenso den Reichtum und die Fülle vergangenen Geisteslebens einer lebendigen Erinnerung zu erhalten. Obwohl die Bewegungstendenz des Haftenden keinesfalls immer ihren Ausdruck in einer Zuwendung zu Vergangenem suchen wird, mag noch interessant sein, daß Eugen Diederichs, der Begründer des bekannten Verlags, der das Riesenwerk der Märchen und Sagen aller Völker herausbrachte, eine vierfache Betonung des Zeichens «Krebs» in seinem Geburtsbild aufweist – jenes Zeichens, dem der Astrologe speziell Zuwendung zu Volk, Heimat, Tradition zuordnet.
Diederichs betreute auch die Erstausgabe des altchinesischen Weisheitsbuches I Ging.
Außer derartigen Beispielen, die die rückwärts gerichtete geistige Einstellung des «Krebs» illustrieren können, lassen sich freilich auch Beispiele einer großen Realitätsnähe finden, die einem anderen Zug des Haftenden entsprechen, nämlich dem Haften am Sinnlich-Erscheinenden.

Zwischen DSCHEN, dem Erregenden, und LI, dem Haftenden, finden wir in der «innerweltlichen Ordnung» das Zeichen

SUN, das Sanfte. In unserem Tierkreis kennen wir zwischen dem Frühlingszeichen «Widder» und dem Sommerzeichen «Krebs» noch zwei Zeichen: «Stier» und «Zwillinge», denn unser Tierkreis nennt ja zwölf Zeichen.

Da die hier in Frage stehenden Licht-Dunkel-Relationen aber einen fließenden und ineinander übergehenden Charakter besitzen, kann natürlich eine beliebige Anzahl von Blickpunkten auf die sonnenperiodischen Bewegungstendenzen gewonnen werden. Die achtfache Teilung des Jahreskreises im I Ging faßt die Dynamik der Zwischenabschnitte in etwas anderer Betonung, als die zwölffache Teilung des Tierkreises dies tut, wohingegen der Rhythmus, der den Tagundnachtgleichen und den Sonnenwenden entspricht, in gleicher Betonung beschrieben wird.

Es ist denkbar, daß das geometrische Maß der Achtteilung wie der Zwölfteilung einer eingeborenen Ordnungsdisposition der unbewußten Psyche beziehungsweise einem in der Seele gegebenen archetypischen Formelement entspringt. <u>Jedenfalls grenzt sowohl die Achterteilung als auch die Zwölferteilung das fließende Geschehen des Licht-Dunkel-Spiels in faßbare (Erfahrungs-)Bereiche ein</u>[49].

SUN, das Sanfte, der Wandelzustand zwischen DSCHEN und LI, entspricht in unserem Tierkreis teils «Stier», teils «Zwillinge». SUN, das Sanfte wird mit der Vorstellung des Eindringens verknüpft. Es hat als Bild sowohl das Holz, «das mit seinen Wurzeln überall eindringt und alles einsaugt, was an Lebenskräften im Erdreich vorhanden ist, und sie dann emporführt», als auch den Wind, der die Wolken auseinandertreibt und Himmelsklarheit schafft. Der Menschengeist kommt dadurch zur Klarheit des Urteils.

Die Wirkung von SUN ist, «daß die Dinge in ihre Formen sozusagen einströmen, sich entwickeln und auswachsen zu dem, was im Keim als Form vorgebildet ist».
Wir können hier in Vergleich setzen jenes bedächtige Einverleibungsstreben und das Bedachtsein auf Nahrung und Existenzsicherung der «Stier»-Tendenzen, so wie man diese an den mit ihm verbundenen Funktionen erfahren kann. Das langsame Eindringen, von welchem bei SUN gesprochen wird, vergleicht sich dem Modus langsamen Wachstums, welcher für «Stier» charakteristisch ist. Vom Rhythmus des jahreszeitlichen Hintergrundes her gesehen ist es folgerichtig, daß den hervorbrechenden Lebensimpulsen des «Widders» ein Wurzelfassen, das Nahrung und Wachstum garantiert, und ein Durchsetzen der vitalen Bedürfnisse folgen müssen.
Wenn wir von SUN hören, daß es bedeute: die Menschen mit breiter Stirn, Menschen, die dem Gewinn nahestehen; wenn es aber ebenso den dahineilenden Wind und das urteilende Eindringen zugewiesen bekommt, dann sehen wir hier in die Bewegungstendenz SUN auch noch das körperlich und geistig bewegliche Element der «Zwillinge» mit hineinspielen, in welchem das Eindringende aus der Sphäre erdhaften Wurzelfassens weitergeführt wird in die Bereiche eines Welterfassens und -aneignens mit den Mitteln der Intelligenz. Es ist dies eine weitere Steigerung der extraversiven Strebung des Weltergreifens. Diese Strebung haben «Stier» und «Zwillinge» gemeinsam; aber ihre Art und Weise ist eine verschiedene: naturhaft und instinktbetont beziehungsweise stoffnah die eine – bewußtseinsnah und beweglich beziehungsweise praktisch-technisch die andere.
Die Zwölferteilung im abendländischen Tierkreis erlaubt es,

jenes im I Ging SUN genannte Streben des Eindringenden, auf Wachstum bedachten Welterfassens, in den Symbolen «Stier» einerseits und «Zwillinge» andererseits als deutlich zu unterscheidende Varianten der Grundstrebung zu sehen. Findet sich in einem Geburtsbild eine VENUS im «Stier», so kann sich dies etwa dahingehend ausdrücken, daß das Gefühlsleben des Nativen sich verlangsamt entwickelt. Es braucht seine Wachstumszeit. Dagegen zeigt sich eine VENUS-Funktion in den «Zwillingen» flexibel, leichter, schwingender im Duktus, wo es um die Welt der Sympathien oder Ablehnungen, der Interessen und Gefühlsbekundungen geht. Das Beständige liegt ihr weniger als das Vielseitige.

Bei Positionen von VENUS und (oder) MERKUR im «Stier» wendet sich der Mensch – sofern seine Interessen nicht primär auf der existenzsichernden Linie liegen – nicht selten dem Werden und Gedeihen des naturverbundenen Lebens zu. Das Medium «Stier» steigert die naturhaften, naturfühligen, triebbetonten Wesenszüge des Menschen.

Häufungen kosmopsychischer Faktoren im «Stier» sind nicht selten in Geburtsbildern von Naturforschern, Biologen und Ärzten zu finden. So bilden im Geburtsbild von Bernhard Grzimek sowohl SONNE als auch VENUS und MERKUR eine Dreier-Konjunktion im «Stier». Er ist nicht nur als Zoologe von hohem Rang bekannt, sondern gerade auch als ein mit vollem Einsatz seines Gefühls arbeitender Tierbetreuer und Naturschützer. (Wieder muß betont werden, daß hier nur von einer einzigen Konstellation die Rede ist.)

In der Bewegungstendenz der «Zwillinge» (deren kosmischer Hintergrund das immer noch weiter zunehmende Licht ist), hat sich das bedächtig Eindringende, die naturhaft kaptative

Lebensbewegung, abgewandelt in eine bewußtseinsgesteuerte, zweckbetonte Objekterlgreifung. Der I Ging nennt SUN den Wind, der die Wolken auseinandertreibt, Himmelsklarheit schafft und den Menschen zu klarem Urteil führt.

Halten wir uns wieder an die Mehrfachbesetzung des Zeichens «Zwillinge» im Geburtsbild, so kann man feststellen, daß eine solche recht häufig bei Personen zu finden ist, die über Wort, Schrift, Rede, Lehre, Vermittlung, Kommunikation tätig sind. Damit soll keine Berufsliste angedeutet, sondern ein Modus veranschaulicht werden.

Auch bei der MARS-Funktion ist der Unterschied in der Position «Stier» oder «Zwillinge» leicht festzustellen. MARS im «Stier» zeigt sich schwer ablenkbar. Er ist in der Verfolgung seiner Ziele einspurig. Dagegen zeigt die MARS-Funktion in den «Zwillingen» weitaus größere Beweglichkeit im Einsatz: Sie ist vielseitig ansprechbar und einsetzbar. Diese Aussagen beziehen sich nur auf die Funktion, deren Äußerungsart selbstverständlich von äußerungsstarken, andersgerichteten Mitspielern der Konstellation überdeckt werden kann.

Anhand der Interpretation der MERKUR-Funktion wurde auf die dreifache Betonung des Abschnitts «Zwillinge» im Geburtsbild von Henry Kissinger hingewiesen, in welchem Abschnitt der MARS wie SONNE und MERKUR ihre Position besitzen. (Auch Henry Kissingers Aszendent fällt in den Abschnitt «Zwillinge».) Dagegen arbeitet seine VENUS-Funktion, wie ebenfalls erwähnt, im Medium «Stier» und bringt damit das Element einer stabilen, geduldigen Ausgleichsfunktion den beweglichen Spielern in den «Zwillingen» zu. Auch bei dieser Aussage ist nur von Ausschnitthaftem die Rede.

Nach den «Zwillingen» folgt der bereits besprochene mitsommerliche «Krebs». Der Vorgang des zunehmenden Lichts ist beendet. Und nun erleben wir an jenem eingekörperten Bereitschaftssystem «innerer Tierkreis» eine einsetzende Gegenläufigkeit der Libido – dem weiteren Jahreslauf der Sonne entsprechend. Nach dem Streben des Einverleibens und Ergreifens der Erscheinungswelt zeigen die folgenden Strebungen ein Abströmen, ein Ausströmen.

In der «innerweltlichen Ordnung» des I Ging folgt nach LI, dem Haftenden, das Zeichen KUN, das Empfangende. Wie das Sinnbild des «Empfangenden» für die hier gegebenen Bewegungstendenzen des Sonnenjahres zu verstehen ist, ergeben die Assoziationen: Zu KUN wird die Zeit der Ernte assoziiert. Die Geschöpfe empfangen von der Erde die reifen Früchte. Die Erde dient mit diesen Gaben den Menschen, und diesen ist aufgegeben, ihrerseits einander helfend zu dienen. Diese Bedeutung von KUN läßt auch den Klang des Gebenden – als vom Empfangenden untrennbar – hervortreten.
Ein neuer Ton erklingt. Nicht mehr von Haltungen des Eindringens, Nehmens, Haltens ist die Rede, sondern von Geben und Empfangen. KUN bedeutet aber auch Arbeit und Anstrengung. Man muß – nach einem Kommentar von R. Wilhelm – alle Kräfte einsetzen, sonst wird man nicht fertig mit der Arbeit, die zu leisten ist.
In unserem Tierkreis entspricht KUN der Region teils «Löwe», teils «Jungfrau». Die zu KUN genannten Assoziationen decken sich weitgehend mit den an das Zeichen «Jungfrau» geknüpften Vorstellungen der Dienstbereitschaft und Arbeitsamkeit. Ein teils bemühtes, teils vorsichtiges Sich-Hineingeben in eine Sache ist der seelischen Grundhaltung im Feld

«Jungfrau» eigentümlich. Jedoch ist dieses Sich-Geben kein Sich-Verlieren.

Dem Felde KUN entspricht ferner ein Mensch, der innere Stärke und ein weiträumiges Wesen besitzt, damit er imstande ist, Menschen und Dinge zu tragen und zu ertragen, ohne durch sie beeinflußt zu werden.

Diese Haltung ist weiträumiger, kraftvoller, toleranter, als sie der dienstbereiten, arbeitsamen «Jungfrau»-Tendenz gemäß ist. Es werden hier Züge faßbar, die im abendländischen Tierkreis dem Zeichen «Löwe» zugeordnet werden. Von der Sonnenbahn-Symbolik getragen, kommen also im Bilde KUN die im abendländischen Zwölferkreis getrennt gefaßten Motive des «Löwen» und der «Jungfrau» zu Wort. (Die achtfache Teilung der Jahresrhythmen, wie wir ihnen im I Ging begegnen, übermittelt uns andere Tönungen, die aber auch die uns bekannten Akzente enthalten.)

Im Felde KUN stehend, wirkt – nach dem Kommentar – der Mensch so selbstverständlich wie die Natur. Solches entspricht der psychischen Haltung des «Löwen», in dessen Ausdruck Kraftbesitz und Vitalität – der Grundmelodie des Sonne-Erd-Spiels gemäß – noch dominieren. Die Gebeleistung des «Löwen», wie sie als Medium uns erfahrbar ist, wirkt wie ein Ausströmen ohne Vorbehalt. Sie ist ein einsatzfrohes Schaffen, nicht mühsame Leistung, die die in «Löwen»-Art tätigen Funktionen gerne vermeiden. Diese gehen an das ihnen Zustehende unmittelbar heran und verlieren sich nicht in Einzelheiten.

Der «Jungfrau»-Rhythmus ist weitaus gebremster. Den Hintergrund bildet hier der zunehmende Lichtverlust vor dem Herbstäquinoktium.

In «Löwe» und «Jungfrau» symbolisieren sich zwei gradweise verschiedene Strebungen des Gebens. Die gebende Haltung der «Jungfrau» hat einen ökonomischen Zug. Auch zu KUN wird im I Ging die Sparsamkeit assoziiert. Dem zunehmenden Lichtverlust begegnet die Strebung «Jungfrau» mit möglichster Vorsicht und Ordnungsliebe. Auch ein kritisches Sich-Distanzieren von allzunahem Kontakt mit der Welt gehört zu dieser Vorsichtshaltung. Der hingebende, sich gerade in Details hineingebende Zug bleibt dennoch bestehen. Er besitzt oft den Charakter eines quasi verpflichteten Sich-Hineingebens und bedeutet nicht vorbehaltlose Hingabe.

Aus dem Verlust an unmittelbarer Lebendigkeit, den das Medium «Jungfrau» zeigt, entsteht nun aber die Möglichkeit einer gänzlich neuen Grundeinstellung zum Leben. Kosmopsychisch versinnbildlicht dieses Medium das merkbare Steigen der Dunkelkräfte. Entsprechend entsteht eine Strebung, den weltgerichteten Antrieben nicht mehr unmittelbar zu folgen, sondern eigne Wege zu gehen, quasi ein «inneres Licht» zu konstellieren, und mit ihm in eine Gegenüber-Position zum Leben zu gehen. Ein Bedürfnis entsteht, beim Reagieren erst einmal einen Schritt zurückzugehen, um die Situation zu übersehen.

Alle Funktionen, die sich über das Medium «Jungfrau» ausdrücken, zeigen – ihrer Funktionsart angepaßt – die beschriebene Bewegungstendenz.

Ein «Löwe»-MERKUR ist (von Aspektierungen abgesehen) von einem «Jungfrau»-MERKUR in der Art des Sich-Gebens gut zu unterscheiden. Wie immer auch das Wesen des betreffenden Menschen geartet sein mag: MERKUR, über dem «Löwen» agierend, bringt eben dieses Wesen offen, sicher und unreflektiert mit seinen guten wie schlechten Seiten zum Ausdruck, während ein «Jungfrau»-MERKUR sich nur bedingt mitteilt und auch meist einen merkbaren oder unmerkbaren kritischen oder abwehrenden Abstand zwischen sich und den anderen legt – zumindest bis eine Vertrauensbasis gegeben ist.

Eine verbale Sicherheit ist bei einem «Löwen»-MERKUR ziemlich häufig zu beobachten.

Bei einer Geburtssonne im «Löwen» setzt sich das Klangbild «Löwe» sehr greifbar durch. Eine innere oder äußere Dominanz, von der Vitalität oder vom Wesen her, ist nicht «gewollt», sondern vorhanden.

Eine vierfache Betonung des Mediums «Jungfrau» besitzt in ihrem Geburtsbild die große Schauspielerin Elisabeth Bergner, deren Erscheinung durch ihr reserviertes, stets in sensiblen Abstand und in Abwehr gehendes Verhalten geprägt ist.

Zur Sensibilität und Zartheit dieser bekannten Schauspielerin muß auch die Bindung zwischen den kosmopsychischen Funktionen NEPTUN, MOND und VENUS erwähnt werden. Wir sind mit diesen Elementen bei der Behandlung des NEPTUN bekannt geworden: Die Bergner umgibt stets Atmosphäre.

Bei allen Beispielen wurde bisher bewußt vom Klangwert des sogenannten Aszendenten abgesehen, um, vereinfachter Beobachtung halber, jene Klangwerte herauszustellen, die bereits von der Tageskonstellation geboten wurden. Der Aszendent bezieht sich bekanntlich auf die Stunde der Geburt und kann uns erst in einem späteren Stadium der Beschreibung unserer Arbeitselemente beschäftigen.

Im I Ging folgt auf KUN, das Empfangende, das Zeichen DUI, das Heitere, das dem Herbst zugeordnete Zeichen. DUI ist das Lächelnd-Heitere, das aber als Heiteres doch auf einer schwermütigen Grundlage beruht. «Der Herbst ist trotz der Heiterkeit auch die Zeit des Gerichts, denn da fängt der Tod an.» Zugeordnet ist dem Zeichen DUI der See, also nicht das fließende, sondern das ruhende Wasser.

Das Zeichen DUI, das Heitere, bezeichnet die Phase des Licht-Dunkel-Spiels, in welcher beide Spieler sich die Waage halten, wobei das Dunkel langsam zuzunehmen beginnt.

Entsprach dem Frühlings-Äquinoktium im «inneren Tierkreis» der Impuls des Erregenden, so konstelliert das Herbst-Äquinoktium im seelischen Gefüge eine Gegenbewegung, die man das Ausgleichende nennen könnte. Im I Ging heißt diese Bewegungstendenz: das Heitere; in unserem Tierkreis: die Waage.

Mit dem beginnenden Sieg des Dunkels hat die Seele quasi keine Veranlassung mehr, sich mit der Welt der Erscheinungen zu identifizieren. Ebensowenig aber drängt es sie zum Wagnis, den Potentialen der Dunkelwelten zum Sieg zu verhelfen. So versucht sie, eine Balancehaltung einzunehmen.

Auch die Bewegungstendenz des Feldes «Waage» ist durch ein Streben nach Balance zu charakterisieren. Die VENUS-Funktion in ihrem kompensatorischen Aspekt ist der «Waage»-Bewegungstendenz gewissermaßen «verwandt».

Konnte in der «Jungfrau»-Seelenhaltung eine Einstellung festgestellt werden, die der Objektwelt gegenüber den Abstand suchte, so ist in der «Waage»-Seelenhaltung diese Einstellung zu einer Polarisierung zwischen dem Ich und der Welt weitergediehen. Ein Ich setzt sich gleichsam der Objektwelt in gleich starker Gegenschwingung gegenüber. So werden hier auch Ich und Du zu Gegenspielern, deren Ansprüche gegeneinander abgewogen werden müssen.

Das «Waage»-Medium sorgt dafür, daß keine der Waagschalen eine zu große Belastung erfährt – nicht die Welt, nicht das Du mit ihren Forderungen, aber auch nicht das Ich mit seiner noch schwachen Eigenverantwortlichkeit. Dies ergibt eine oft problematisch sich auswirkende Tendenz, zum Beispiel wenn sie in zu großer Labilität zum Ausdruck kommt oder wenn aus Ich-Schwäche in ungemäßen Anpassungen das Gleichgewicht gesucht wird.

Im I Ging wird DUI, dem Heiteren, das Schaf zugeordnet, das «außen schwach und innen bockig ist». Diese Aussage illustriert ausgezeichnet auch die Verhaltensweise «Waage». Aus Bedürfnis nach Reibungslosigkeit wird allzuleicht Umweltforderungen nachgegeben, wobei im Inneren der Widerstand eines Eigentlich-anders-Wollens bestehenbleibt.

Die Arbeitsweise der Funktionen, die über das «Waage»-Medium tätig werden, stellt uns aber auch die Vorzüge dieses Mediums im Umgang mit der Umwelt vor Augen. Wenn auch die betreffende Funktion nicht zu primärer Aktivität tendiert, so steht sie quasi dauernd in antwortender Bereitschaft. Hier sind, wo der Mensch sich angesprochen fühlt, rasche Reaktionen zu erwarten. Und in einem Lebensbereich, das Reagieren verlangt oder in welchem der dialogische Faktor eine Rolle spielt, kann das «Waage»-Medium sich als eine tragende Komponente erweisen.

Bei einer VENUS-Position in der «Waage» ist zu beobachten, daß der Mensch auszuweichen versteht, wenn Verantwortung und Bindungsforderungen ihm nicht entsprechen. Kann er persönlich die Situation bejahen, vermag er eine elastische Anpassung einzusetzen.

Wirkt das «Waage»-Medium auf die MERKUR-Funktion, so ist der «Waage»-Klang auf der Ebene des Umgangs als verbindliches oder unausgesprochenes Verhalten, das Reibungen zu vermeiden sucht, zu bemerken. Ein Neinsagen fällt einem MERKUR in der «Waage» schwer. Im geistigen Bereich gelingt es bei dieser Position oft gut, in Wort und Schrift Situationen und Ereignisse (subjektiv oder objektiv) zu spiegeln.

Auf DUI, das Heitere, folgt in der Reihe der «innerweltlichen Ordnung» KIÄN, das Schöpferische. Der Text gibt an, daß im Zeichen des Schöpferischen ein Kampf stattfindet. «Es bedeutet, daß hier das Dunkle und das Lichte einander aufregen.» KIÄN hat als Bild den Himmel und das Haupt. Der Sinn dieses Zeichens liegt nach dem Kommentar von R. Wilhelm darin, daß der Mensch sich hier auf einen Kampf mit dem Gott in sich selbst einlassen muß, wie Jakob, als er mit dem Engel Gottes rang. Mit unseren Worten ausgedrückt: die durch den zunehmenden Sieg des Dunkels wachsenden inneren Kräfte des Menschen werden schöpferisch. Sie kämpfen hier um die Führungsmöglichkeiten des Geistig-Seelischen. Das Bild dieses inneren Kampfes entspricht völlig der seelischen Dynamik unseres (jahresrhythmisch gleichsinnigen) «Skorpion», dessen Symbolik von Kampf und Auseinandersetzungen zwischen leiblicher und geistig-seelischer Welt geradezu geladen ist.

Dem Zeichen KIÄN wird aber auch zugeordnet: Gerechtigkeit, Erhabenheit und Weisheit. Nach dem I Ging bezeichnet die Bewegungstendenz KIÄN das schöpferische Wirken des

Heiligen und Weisen, eines Führers der Menschen, der ihr höheres Wesen durch seine Kraft weckt und entwickelt. Das sind Charakteristika des «Schützen», der jahresrhythmisch der Region KIÄN ebenfalls zugehörig ist.

Das Tierkreiszeichen «Schütze» symbolisiert eine Haltung, die dadurch gekennzeichnet ist, daß der Mensch sich der Macht des freien, unabhängigen Entscheids aus gewonnener Freiheit zu bedienen weiß – frei vor allem von dominanten Zwängen der Natur. Dieser Haltung ist gemäß der Einsatz für sogenannte höhere Ziele (im Sinne von ethisch hochgesteckten oder von Idealen bestimmten Zielen). Ihr ist gemäß, sich einzusetzen für humane Werte. Bildung, Gesittung und Kultur sind innere Forderungen der «Schütze»-Seele.

Die erregende seelisch-geistige Dramatik des Mediums «Skorpion» mutet wie ein Wegbereiter zu diesem Ziele an. In diesem Medium muß die Freiheit des verinnerlichten Subjekts erst erkämpft werden. «Skorpion» ist die dramatischste Weise in der Reihe der seelischen Dokumentationen, mit denen wir es bei den Verhaltensmustern des «inneren» Tierkreises zu tun haben. Im «Waage»-Medium steht der Mensch der Welt und dem Leben gegenüber in einer Antworthaltung, die von gegenschwingendem Charakter ist; im «Skorpion»-Medium wird diese Haltung zur kampfbereiten, leidenschaftlichen Auseinandersetzung.

Der Klassiker unseres Dramas, Friedrich Schiller, besaß eine dreifache Betonung dieses Mediums (SONNE, MERKUR, VENUS). Ein weiterer dramatischer Mitspieler in seinem Geburtsbild ist eine Opposition zwischen MARS und SATURN. Und so läuft denn die Melodie von Kampf und Tod durch fast alle seine dramatischen Werke: durch seine Dramen wie auch Balladen.

Die Intensität des inneren Erlebens, die das «Skorpion»-Medium kennzeichnet, bedeutet oft ein ungenügendes Beachten der Forderungen der eigenen Natur oder des Lebens als eines solchen. Die seelisch-geistigen Intentionen haben den Vorrang. Unter der Einwirkung eines betonten «Skorpion»-Feldes kann der Mensch die Tendenz zeigen, sich ohne Rücksicht auf seine Gesundheit der Verfolgung seiner Interessen zu verschreiben.

Die Physikerin Mme. Curie besaß in ihrem Geburtsbild eine vierfache «Skorpion»-Besetzung (SONNE, VENUS, SATURN und MARS). In unermüdlichem Einsatz, zu welchem die Konjunktion des SATURN mit dem MARS die Beständigkeit, ja die Verbissenheit beitrug, holte sie lebenslang ohne gesundheitliche Rücksichten im Ringen um ihre Arbeit das Letzte aus sich heraus – eine Grundhaltung, die wir bei Schiller ebenfalls finden.

Dieser extreme SKORPION-Ausdruck möge ein Stück der eigentümlichen, seelischen Dynamik des SKORPION illustrieren. Es ist freilich nur eine mögliche Variante. Aber selbst eine einzelne Funktion zeigt, wenn sie über das Medium «Skorpion» arbeitet, eine Art von Geladenheit von innen her, etwas Trieb- und Dranghaftes, was ihren Funktionsbereich nicht oder nur schwer zur Ruhe kommen läßt.

Die «Skorpion»-Dynamik konstelliert auch jene «zwei Seelen in unserer Brust»: dem autonomen Trieb verfallend die eine – der Naturbindungen nicht achtend, weil seelisch-geistige Freiheit erstrebend die andere. Das bekannte Faust-Zitat sei um seines Gehaltes an «Skorpion»-Kolorit willen hier in Erinnerung gerufen: «Zwei Seelen wohnen ach! in meiner Brust; die Eine will sich von der Anderen trennen. Die Eine hält in derber Liebeslust sich an die Welt mit klammernden Organen – die Andere hebt gewaltsam sich vom Dust zu den Gefilden hoher Ahnen.»[50]

Im «Skorpion»-Feld kann die Triebwelt dem Menschen zum Problem werden, da allzugroße reflektierende Bewußtheit ein natürliches, unbefangenes Verhältnis zum Leiblichen, so wie es vor allem im Medium «Stier» bestand, nicht erlaubt. Die Einstellung zum Leben hat andererseits noch nicht jenen Grad innerer Freiheit erreicht, wie er auf der seelischen Ebene des «Schützen» zu beobachten ist. Im Widerstreit der Strebungen unterliegt die Triebwelt, vor allem die Sexualität, häufig Verdrängungen oder erfährt Überbetonungen.

In der geistigen Welt kann der Widerstreit der Strebungen zu einer Neigung führen, die Einheit des Natürlichen um der Erkenntnis willen bis an die Grenze des Zerstörerischen zu zerlegen. Das Leben wird in erster Linie unter dem Aspekt seiner Problematik betrachtet.

Bei Picasso, dessen Nativität sowohl eine SONNE wie den MERKUR im «Skorpion» aufweist, sind die Impulse eines Zerlegens des Naturhaft-Gegebenen in seinen Schöpfungen überdeutlich festzustellen. Zwei Picasso-Aussprüche seien hier angeführt: «Die Wirklichkeit muß in jedem Sinn des Wortes zerlegt werden», und «Malen ist für mich ein dramatisches Geschehen, in dem die Realität auseinandergenommen wird»[51].

Interessanterweise besitzt auch das naturhafte Einheit repräsentierende «Stier»-Medium in Picassos Nativität stärkste Akzente. Die beiden großen Akteure SATURN und JUPITER befinden sich dort und zwischen ihnen die Schwingungskomponente NEPTUN. Von dieser Gruppe wird, von der anderen Seite her, mit der Produktionskraft der ungebrochenen Natur, wie sie das «Stier»-Potential besitzt, das sinnenfällige Erleben und die natürliche Erdbezogenheit ins Spiel gebracht.

Mit dieser außergewöhnlichen Gegensatz-Position, die einander gänzlich widerstrebende Tendenzen umfaßt, symbolisiert die Nativität Picassos eine höchst spannungsreiche Dynamik. Picassos Schaffen ist denn auch gekennzeichnet durch seine Bezogenheit einerseits auf die Ursprünglichkeit der Natur («Stier»-Medium), andererseits auf eine Zerlegung und Zerstörung natürlicher Formen («Skorpion»-Medium) um einer inneren Sicht willen.

In der weiteren Energetik der «Tierkreis»-Tendenzen folgt dem «Skorpion» der «Schütze». Unter einem Entwicklungsaspekt können die das «Schütze»-Medium charakterisierenden Züge als das Ergebnis des im «Skorpion» geleisteten Kampfes zwischen Natur und Geist gesehen werden, da sich im «Tierkreis» auch Folgezustände symbolisiert haben.

Die Höchstformen des «Schütze»-Ausdrucks bedürfen, um sich zu manifestieren, selbstverständlich entsprechender menschlicher Reife. Ist eine solche nicht gegeben, so kann das «Schütze»-Element sich beispielsweise auch in Anmaßung, Besserwissen, Bindungslosigkeit oder Vagantentum niederschlagen, um einige Möglichkeiten zu nennen.

Die Dynamik des «Schützen» zielt auf ein großes Maß an Freiheit und Ungebundenheit des inneren oder äußeren Lebens. Sie tendiert zu einer Weite des Lebens- und Erlebensraumes. Auch im weiblichen Menschen suchen naturgemäß die «Schütze»-Strebungen ihre Verwirklichung, was ihnen in unseren Tagen auch in vielfacher Form gelingt. Noch vor nicht allzulanger Zeit wurde eine ihre «Schütze»-Dynamik lebende Frau psychologischerseits als unweiblich etikettiert, wobei der

Unterton des Neurotischen bei einer solchen Beurteilung nicht zu überhören war.

Ein legitimes beziehungsweise natürliches weibliches Freiheitsbedürfnis wurde nicht angenommen, obwohl ein solches in mythischer Sicht erfaßt worden war: Die Gestalt Artemis/Diana bezeugt dies[52].

Jede kosmopsychische Funktion wird, wenn sie «Schütze»-betont ist, die Züge dieses Mediums auf ihre funktionsbestimmte Weise zum Ausdruck bringen.

Im Geburtsbild Rilkes ist ein «Schütze»-Einschlag durch die Position SONNE und MERKUR im «Schützen» gegeben und sehr wohl zu spüren. Der «Schütze»-Klang trifft hier auf eine (wie wir bereits sahen) von VENUS und NEPTUN stark modifizierte MERKUR-Funktion, wodurch diese aus dem «Schützen»-Medium dessen sublimste Möglichkeiten – aber auch dessen Gefährdungen (Wanderer ohne Heimat) – zu entnehmen vermag.

Der größten Sonnenferne wird im I Ging KAN, das Abgründige, zugeordnet. In unserem Tierkreis entspricht KAN dem Zeichen «Steinbock». Das Zeichen KAN hat als Symbol die Talschlucht. Mit KAN wird das Wasser verbunden, jedoch in einem genau umschriebenen Sinne: Das Wasser scheut – wie es in den Kommentaren heißt – keine Mühe, sondern fließt ununterbrochen weiter und sammelt sich in den Gründen. Somit bedeutet KAN: Stetigkeit, Konsequenz, Sammlung.

Es darf den an die Bilder der astrologischen Tradition Gewohnten nicht irritieren, daß der Wandelzustand KAN mit dem Wasser, das Zeichen «Steinbock» jedoch mit der Erde in Zusammenhang gebracht wird. Wasser wird hier gesehen in der Beständigkeit seines Fließens und in seiner Fähigkeit, sich in der Tiefe zu sammeln. Dies ist aber auch ein zutreffendes Merkmal der «Steinbock»-Bewegungstendenz.

KAN bedeutet auch: Im Inneren beständig sein. Eine weitere Bedeutung ist das Lichte, das im Dunkel enthalten ist: dazu wird die Vernunft assoziiert. Diese Vernunft als Sonne im Inneren des Menschen ist es auch, die die mittwinterliche «Steinbock»-Seelenhaltung charakterisiert.

Zu KAN, dem Abgründigen, lautet ein Kommentar: «Das Wasser erreicht sein Ziel durch ununterbrochenes Fließen. Es füllt jede Vertiefung aus, ehe es weiterfließt. So macht es der Edle. Er legt Wert darauf, daß das Gute zur festen Charaktereigenschaft wird... Das Wasser verliert durch nichts seine wesentliche, eigne Art. Es bleibt sich in allen Verhältnissen treu.» Festigkeit des Charakters und die Tendenz, die eigne Art zu wahren, sind auch kennzeichnende Züge der «Steinbock»-Mentalität. Sie entwickeln sich auf dem Boden des größten Abstands zum sinnenhaften Leben, den das «Steinbock»-Feld repräsentiert.

Es mag uns an den Aussagen des I Ging beeindrucken, daß hier keinesfalls nur vom Einbezogensein in kosmische Ordnungen gesprochen wird, sondern daß gleichzeitig das Bewußtsein geweckt wird, wie der in Freiheit disponierende Mensch sich im Felde der für ihn gegebenen Bewegungstendenzen verhalten kann: Er sorgt dafür, daß er, im seelischen Felde KAN stehend, seine eigne wesentliche Art nicht verliert und, wie das zu KAN assoziierte Wasser, in allen Verhältnissen sich selber treu bleibt. So wird auch bei LI, dem Haftenden – das dem Felde «Krebs» entspricht –, der Rat erteilt, daß der Mensch das Erleben des Bedingtseins, des Abhängigseins anerkennt und sich freiwillig und in geistiger Klarheit in das Bedingtsein fügt.

Das winterliche Medium «Steinbock» repräsentiert den größten Abstand von der organischen und sinnennahen Lebenswelt. Entsprechend sind in den Seelenhaltungen, die sich im Rahmen dieses Feldes entwickeln, sowohl Strebungen zur Dominanz des bewußten Ichs als auch die Neigung zur Anerkennung geistiger Prinzipien zu beobachten. Anders gesagt: Man ordnet an, man diktiert – je nachdem welche psychischen Funktionen man in diesem Medium zur Verfügung hat –, aber man erkennt auch die Institution, den anordnenden «Apparat» als bestimmungsberechtigt an.

Das Feld «Steinbock» bietet dem Menschen einen gedeihlichen Boden für geistige Bemühungen im Bereich des Formalen, der Abstraktionen, des rein Gedanklichen, der Theorien. Johannes Kepler, nach dessen Vorstellung Gott die Welt nach geometrischen Prinzipien erschuf und für welchen das Urbild der Schönheit in der Welt die Geometrie ist, zeigt in seinem Geburtsbild SONNE, MERKUR, VENUS und URANUS im «Steinbock». Werner Heisenberg, der aus letztlichem Vermögen geistiger Verdichtung den formelhaften Urgrund des Seins zu fassen suchte (Weltformel), weist in seinem Geburtsbild ebenfalls vier über das «Steinbock»-Medium arbeitende kosmopsychische Funktionen auf: SATURN, JUPITER, MARS, VENUS[53]. Die astrologische Tradition hat dem mittwinterlichen Abschnitt der Sonnenbahn den Planeten SATURN zugeordnet. Das konzentrierende, verdichtende SATURN-Prinzip entspricht durchaus der auf Vereinfachung, auf Konzentration der Libido gerichteten Bewegungstendenz des «Steinbocks». So kann man die gewaltig konzentrierte, verdichtete Formgebung und Geschlossenheit in den Gestalten Ernst Barlachs mit seinem vierfach akzentuierten «Steinbock» in Beziehung sehen: Sonne, Mond, Merkur, Mars agieren über dieses Medium.

Im «Steinbock»-Medium nimmt das Ich es auf sich, volle Verantwortung für sein Tun und Lassen zu tragen. Die Lebensferne dieses Feldes kann allerdings zum Wurzelboden von Isolationserscheinungen und Kommunikationsproblemen werden, wenn nicht andere Faktoren den «Steinbock»-Klang abwandeln. Da die Eigengesetzlichkeiten des Lebens hier oft zu ungenügend beachtet werden, können Eingriffe in das Leben einen mehr oder weniger vergewaltigenden Charakter zeigen. Der «Steinbock»-Modus ist bei den einzelnen Funktionen, die in seinem Feld tätig sind, nicht zu übersehen. Als Beispiel sei nur genannt die oft zu beobachtende Fähigkeit zu klarer, logischer Gedankenführung eines «Steinbock»-Merkur – beziehungsweise auch die innerlich oder äußerlich distanzierte Note im menschlichen Verkehr. Eine Venus im «Steinbock» kann gefühlskühl oder gefühlssparsam sein, was zu Isolationen willentlich oder unwillentlich führen kann.

Das Tier Steinbock, das zum Symbol für die hier vorliegenden seelischen Strebungen wurde, verdankt seine Wahl vielleicht dem Umstand, daß es ein Bewohner einsamer, vegetationsarmer Berge ist, der die ausgesprochene Fähigkeit besitzt, die Schwierigkeiten, die ihm seine Umwelt bietet, zu überwinden, welcher Zug auch beim «Steinbock»-betonten Menschen deutlich hervortritt. Der Klettertüchtigkeit des Steinbock-Tieres vergleicht sich der Trieb zu Aufstieg und Macht, der den «Steinbock»-Menschen eigen sein kann.

Der letzte Wandelszustand der «innerweltlichen Ordnung» ist GEN, das Stillehalten. «Das Stillehalten ist das Zeichen des Nordostens, wo aller Wesen Anfang und Ende vollendet wird» (I Ging). «Hier knüpft sich in tief verborgener Stille im Samenkorn das Ende aller Dinge an einen neuen Anfang! – Wenn nun der Mensch innerlich so ruhig geworden ist, dann mag er sich der Außenwelt zuwenden.» Er versteht dann das Weltgeschehen und kennt dessen Gesetze (Kommentar R. Wilhelm).

Zu GEN vergleichen sich in unserem Tierkreis die Felder «Wassermann» und «Fische». Im Tierkreiszeichen «Wassermann» spiegelt sich, ebenso wie dies im «Löwen» der Fall war, die Umkehr des Sonnenlaufes nach der Sonnenwende, deren Auswirkung in diesen Abschnitten für das Erleben faßbar wird.

Zeigte die «Löwe»-Haltung nicht mehr aufnehmende, nehmende, sondern ausgebende, gebende Züge, so wird die «Wassermann»-Haltung – dem gerade wieder zunehmenden Anstieg der Lichtseite entsprechend – charakterisiert durch die Tendenz, Distanzen zum Lebendigen zu verringern und sich dem sinnfälligen Leben wieder zuzuwenden. Zu größerer Macht als unter «Steinbock»-Bedingungen kann die eigenwillige Ich-SONNE im Inneren nicht mehr gelangen. Eine neue kosmische Bewegungstendenz wird im «Wassermann»-Medium wirksam: wieder hinein in die Welt lebendiger Beziehungen und heraus aus allzugroßer Naturferne und Geisteseinsamkeit. Neue Lebensimpulse melden sich an.

Das Wiedergeburtsmotiv wird in der esoterischen, astrologischen Tradition mit dem «Wassermann» verknüpft. Die «Wassermann»-Haltung ist bestimmt von einem Blick auf neues Werden, auf das Kommende. Der Abstand zum Leben bleibt vorerst noch, aber er bedeutet keine Abgeschlossenheit mehr, sondern wie der I Ging bei der Beschreibung von GEN sich ausdrückt, Gelassenheit, die ohne Hast und Eifer sich der Welt zuwendet. Dieses Zugehen auf die Welt kann sich in einer toleranten Haltung ausdrücken, der nichts Menschliches fremd ist.

Solche Haltung, zusammen mit dem vom «Wassermann»-Medium geförderten Blick auf das Werdende, läßt verstehen, wieso so häufig Akzentuierungen des «Wassermann» in den Geburtsbildern solcher Psychologen zu finden sind, in deren Einstellung die prospektive Sicht, das heißt die Sicht auf das Mögliche, das Sich-Entwickelnde überwiegt. (In gleichem psychologischen Sinne wie eine «Wassermann»-Akzentuierung wirkt auch eine Betonung des später zu besprechenden 11. Feldes.)

Die Strebung des «Wassermann» geht nicht mehr in der Richtung eines Bestimmen-Wollens. Aber es besteht die Neigung, wenigstens zu bestimmen, wann, wo, zu wem und unter welchen Umständen der Kontakt mit Mensch und Welt zu schließen ist. Individuelle Vorbehalte werden betont.

Zum Zeichen GEN wird im I Ging Gelassenheit assoziiert. Auch der «Wassermann»-Modus kennt die Gelassenheit. Klarheit des Bildes und Weite der Sicht gehören zu ihr. Sie besitzt allerdings auch den Charakter eines Sich-Stillehaltens, das vermeidet, sich in die vielen Bezüge und Wirrnisse der Welt verwickeln zu lassen. Bei einem betonten «Fische»-Feld gelingt dem Menschen dieses Sich-Heraushalten nicht mehr, da in diesem Führungsfeld die «Wassermann»-Distanz gegenüber der Welt nicht mehr besteht.

Die Haltung der toleranten Zuwendung des «Wassermann» wird im Medium «Fische» zu einem vorbehaltlosen Geschehenlassen. Und dieses führt hinein in die Gefahr, vor dem im I Ging bei der Interpretation der Bewegungstendenz GEN gewarnt wird: Man darf nicht in ein willenloses Sich-treiben-Lassen hineingeraten. Diese Gefahr ist für das Feld «Wassermann» noch nicht gegeben, liegt aber im «Fische»-Feld sehr nahe.

Die «Wassermann»-Strebung versucht noch nicht, wieder einzutauchen in den Kreislauf der Dinge. Wohl ermöglicht dieses Medium ein Verstehen des Weltgeschehens, der menschlichen Problematik – bei persönlicher Distanz! Die Seele zeigt keine Neigung, Schwere und Leid der Welt auf sich zu nehmen.

Solches aber leistet die «Fische»-Seele teils aus einer Art von Widerstandsschwäche, teils aber aus Hingabebedürfnis, aus einer sich zurückstellenden, opferbereiten Haltung, die alles Persönliche übersteigt. Sie setzt das Wir über das Ich.

Daß auf dem Grund solcher Einstellung höchste humane Werte erwachsen können, ist in der astrologischen Literatur oft betont worden. «Die ‹Fische›-Seele schließt den Mitmenschen ein und darüber hinweg die gesamte Kreatur.» [54]

Ihre Weite, ihre Sehnsucht nach Hingabe an umfassendere, größere Zusammenhänge läßt sie allen lösenden und erlösenden Erlebnissen zugewandt sein. Die menschliche Reife bestimmt, in welcher Sphäre diese Erlebnisse gesucht werden.

Betrachten wir die Ausdrücke der VENUS- und der MERKUR-Funktion einmal im «Wassermann», zum anderen in den «Fischen»: Bei der Position VENUS/«Wassermann» ist eine Tendenz zum Besonderen, zur Auswahl wahrnehmbar – sei dies im Bereich menschlicher Kontakte oder selbstgewählter Lebensformen oder bejahter Situationen. Wo nicht persönlich angesprochen, zeigt die VENUS-Funktion Indifferenz. Eine VENUS/«Fische» besitzt eine Ader für den sozialen Bereich. Sie ist mitmenschlich eingestellt. Sie wehrt sich nicht, um größerer Zusammenhänge willen Belastungen zu übernehmen – praktisch oder innerlich. Im direkten menschlichen Kontakt ist nicht selten eine unpersönliche Note zu bemerken. Bejaht wird die Erlebnissphäre lösender und schwingender Ausdrucksformen.

Auch bei einem MERKUR/«Wassermann» und einem MERKUR/«Fische» sind Unterschiede im Funktionsausdruck leicht erkennbar. Ein MERKUR/«Wassermann» zeigt im Bereich seiner Umgangsweise nicht selten aus dem Üblichen herausfallende Züge. In der Gedankenwelt finden sich so manche originellen Elemente. Sachlichen, technischen und psychologischen Problemen gegenüber sieht ein MERKUR/«Wassermann» die Möglichkeiten und die zu erwartenden Ergebnisse – dies aus der zukunftgerichteten Tendenz des «Wassermann»-Mediums heraus.

Ein «Fische»/MERKUR kann sich in eine Sache, auch in innerliche Angelegenheiten, sehr oft (oft zu sehr) hineingeben. Sie können ihm über den Kopf wachsen. Im persönlichen Umgang neigt die vom Medium «Fische» getragene MERKUR-Funktion oft zu einem unentschiedenen beziehungsweise undurchsichtigen Verhalten.

Hiermit muß der Versuch einer Interpretation der einzelnen psychischen Dynamismen des «inneren Tierkreises» vorerst abgeschlossen sein. Es konnten in unseren Darlegungen, die eine orientierende Aufgabe zu erfüllen haben, auch nur einige

Hinweise auf die verschiedenen Ausdrucksmöglichkeiten der kosmopsychischen Funktionen, je nachdem diese an die Bewegungstendenzen des «inneren Tierkreises» gebunden sind, gegeben werden. Der Psychologe wird stets aufs neue die jeweils gegebenen Klangwerte, die von stets einmaliger innerer und äußerer «Konstellation» geboten werden, zu erfassen haben. Zwar sind die Grundwerte der erfahrbaren kosmopsychischen Faktoren, mit denen wir hier umzugehen haben, beschreibbar und beständig, aber das gelebte Leben bietet zu ihrer Manifestation eine nicht ausschöpfbare Ausdrucksbreite an, *so daß das, was anhand der Konstellation gefaßt werden kann, nur dynamische Gerichtetheiten, nur Klangbilder, nur energetische Hintergründe seelischen Lebens sein können.*
Dies ist zum Verständnis einer individuellen seelischen Struktur dennoch sehr viel. Allerdings muß man akzeptieren können, daß man es mit Schwebendem, psychologisch nicht Systematisierbarem, zu tun hat.
Im Rückblick auf das Symbolgebilde «innerer Tierkreis» und seine Verwandtschaft mit der «innerweltlichen Ordnung» des I Ging muß hier noch einmal zusammenfassend ausgesprochen werden, daß in beiden sich urtümliche Einsichten in eine kosmosbezogene Energetik des Unbewußt-Psychischen niedergeschlagen haben [55].

In den obigen Darlegungen wurde davon ausgegangen, daß das Phänomen «innerer Tierkreis», als Strukturelement der Psyche, im Licht-Dunkel-Wechsel des Sonnenlaufes wurzelt. Nicht übersehen werden darf hierbei aber die geographische Relativität der sommerlich-maximalen oder der winterlich-minimalen Sonneneinstrahlungen. Wir verzeichnen zwar in unseren Breiten zusammen mit Babylon oder Alexandria den gleichen Äquinoktial- oder Solstitialvorgang, und die Psyche kann hier wie dort die gleiche Bewegungstendenz «Widder» oder «Steinbock» konstellieren. Aber der Erlebniswert oder der Aktivitätsrhythmus «Steinbock» ist in den nördlichen Ländern, die den Sonnentiefstand einer Sonne im «Steinbock» stärker zu empfinden Gelegenheit haben, weitaus stärker als in südlichen Ländern unserer gemäßigten Zone, das heißt, die Seele rhythmisiert bei uns den «Steinbock» unter viel stärkerer Betonung distanzierender, subjektbetonter Momente, als dies eine südliche Seele tut. Diese übersetzt die «winterliche» Bewegungstendenz der «Steinbock»-Haltungen auch, aber lebensnäher.

Eine andere Frage ist die Umkehrung der Bedeutung des Sonnenlaufes auf der südlichen Halbkugel unserer Erde. Für die südliche Halbkugel sind die bei uns «Widder» genannten, frühlingshaft erregenden Aktivitätsrhythmen zu einer Zeit gegeben, in welcher wir die Herbst-Tagundnachtgleiche haben. Zwar lehrte bereits der italienische Naturphilosoph, der Dominikaner Campanella (1568-1639), daß der Tierkreis als Kraftbereich des Sonnenlaufes seine astrologische Bedeutung auf der südlichen Halbkugel umkehre. Die Astrologen der Neuzeit glauben aber, hinreichend Belege zu haben, daß Geburtsbilder von Menschen, in Südamerika (gemäßigte Zone) geboren, gleichsinnige Tierkreis-Bedeutungen aufzeigen wie die Bewohner der nördlichen Halbkugel. Für sie spielen die Licht-Dunkel-Rhythmen des Jahreslaufes keine Rolle für eine «Tierkreis»-Erklärung, da sie diese Erklärung in für die ganze Erde geltenden, noch zu entdeckenden physikalischen Feldern suchen.

Den Astrologen dürfte nicht bekannt sein, daß eingeborene Aktivitätsrhythmen von höher organisierten Lebewesen, falls man diese in andere Zonen versetzt, die einen anderen jahreszeitlichen Rhythmus besitzen, *ihren alten Rhythmus noch lange erhalten und auf den neuen Rhythmus der anderen Zonen noch lange nicht ansprechen* [56].

Da es sich bei den Geburtsbildern von Bewohnern der südlichen Halbkugel wohl meist um Einwanderer unserer Zone handelt, wenn auch schon in der nächsten Generation, so relativiert die erwähnte biologische Erfahrung auf jeden Fall die «Erfahrung» der Astrologen.

Wie aber haben wir uns den Übergang vom nördlichen Stellenwert der Tierkreiszeichen zu ihrem südlichen vorzustellen? Es kann dieser Wert – was seinen Außenanteil betrifft – doch nicht am Äquator plötzlich in eine

Umkehrung hineinspringen. Selbstverständlich nicht, da die Tropen gar keine Jahreszeiten in unserem Sinne besitzen. Sie kennen nur den Wechsel von feucht und trocken. In der Äquatorialzone konnte die Psyche sozusagen kein Urmuster eines «inneren Tierkreises» entwickeln.
Ihr ist nicht gegeben der Wechsel von sommerlicher Sonnenfülle und winterlichem Sonnenmangel, nur der Wechsel von Tageslicht und nächtlicher Dunkelheit. Das jahreszeitliche Spiel erscheint erst wieder jenseits der Wendekreise, um sich dann zu solchen Unterschieden zu steigern, wie sie sich in unserem innerpsychischen «Tierkreis» spiegeln.

Wie wir sahen, beantwortet die Psyche das sommerliche Licht-Dunkel-Verhältnis mit einer Akzentuierung weltergreifender, weltgerichteter Strebungen. Die unter solchen Bedingungen arbeitenden psychischen Funktionen scheinen wie angeschlossen an den natürlichen Lauf der Dinge. Dem winterlichen Licht-Dunkel-Verhältnis entsprechen im Unbewußt-Psychischen Haltungen der Abkehr von einem unmittelbaren, antriebsbestimmten oder auch dingnah gelebten Leben, und zwar zugunsten von Strebungen, die auf ein Dirigieren des Lebens seitens eines zunehmend autonomen Ichs beziehungsweise seitens eines sich distanzieren-könnenden Bewußtseins gerichtet sind.
Faßt man die polare Gerichtetheit dieser Strebungen ins Auge, so fällt ihre unverkennbare Verwandtschaft zu den zwei Grundmöglichkeiten seelischen Verhaltens auf, wie sie von verschiedenen Typenlehren – in verschiedenem Bezug – gezeichnet worden sind. Immer wieder wurde festgestellt, daß der Mensch, typologisch gesehen, in seinen Beziehungen zur Welt, zum Mitmenschen und zu sich selbst zwei gegensätzliche Verhaltensweisen ausgebildet hat, die einander ausschließen beziehungsweise sich in ihrer polaren Gegensätzlichkeit

ergänzen. Diese Erfahrung führte psychologischerseits zur Aufstellung zweier Grundtypen.

C.G. Jung konnte gelegentlich der Herausarbeitung seiner Grundtypen, des Extravertierten und des Introvertierten[57] eine namhafte Reihe polarer Seelenhaltungen feststellen: Einfühlung und Abstraktion, das Dionysische und Apollinische, die naive und die sentimentalische Haltung, die realistische und die idealistische Einstellung und andere mehr.

Wollen wir uns kurz eine Vorstellung vom Gemeinsamen dieser Einstellungen, die sehr verschiedene Lebensebenen betreffen, wie von der Art der Gegensätzlichkeit des einzelnen Haltungspaares machen, so kann dies geschehen, indem wir das jeweilige Verhältnis von Seele zu stoffgebundenem Leben, von Seele zu dinglicher Welt betrachten.

Auf der einen Seite stehen Seelenhaltungen von fragloser Lebens- und Dingnähe. Man ist in seiner Beziehung zum Leben wie zu den Dingen direkt. Der Mensch fühlt sich nicht «gegenüber», sondern angeschlossen an den natürlichen Lauf der Dinge, seiner Triebwelt in Einheit verbunden. Der dingnahe Mensch ist jener Mensch, dem heute wie zu allen Zeiten «das Leben recht gibt», wie Jung sich über den Extravertierten äußerte. Die Entschlüsse und Handlungen dieses dingnahen Menschen werden bestimmt durch objektive Gegebenheiten, nicht durch seine subjektiven Ansichten (Extraversion).

Auf der anderen Seite basiert das Verhältnis von Seele und Ding auf einer wahrnehmbaren Lebens- und Dingferne. Man hält Abstand zum Naturhaft-Ursprünglichen, fühlt sich unterschieden von seinen Trieben, die zum Problem werden, fühlt sich gespalten in ein «Ich» und ein «Es». So wenig ein unmittelbares Leben in und mit den Dingen gelingen will, so sehr gelingt jedoch ihre Betrachtung und unter Umständen ihre souveräne Behandlung. Entschlüsse und Handlungen werden determiniert durch innerseelische Vorgänge, nicht durch objektive Gegebenheiten (Introversion).

Die Psychologie hatte bisher ausreichend damit zu tun, dieser Tatsache zweier Grundmöglichkeiten seelischen Verhaltens und den dadurch sich ergebenden psychologischen Problemen nachzugehen. Die Frage nach dem Ursprung dieser eigenartigen Polarität aber wurde nicht gestellt, konnte wohl nicht gestellt werden, weil unser Wissen keinen Weg zu ihrer Beantwortung in Bereitschaft hielt. Denn an sich wäre die Frage ja sehr wohl zu erheben. Der Hinweis auf die Polarität der lebendigen Kräfte schlechthin bietet keine Antwort auf die Frage, woher uns die ganz besonderen Formen der polaren, seelischen Haltungen kommen.

So viel wurde von seiten der psychologischen Forschung als gewiß festgestellt, daß es sich bei diesen zwei Grundmöglichkeiten seelischen Verhaltens weder um entwicklungsmäßig aneinandergeknüpfte seelische Haltungen handeln kann noch um Haltungen, deren eine die Funktion der anderen sei. Auch steht fest, daß die Bedingungen des Milieus, der Erziehung, der Abstammung keinen Anteil an der Heranbildung des einen oder anderen typischen Verhaltens haben.

Die aus der Typenerfahrung gewonnene Erkenntnis von zwei Grundeinstellungen zum Leben, die durch eine verschieden gerichtete psychische Libidobewegung gekennzeichnet sind, mündet nun aber für den mit dem kosmopsychischen Material Vertrauten direkt ein in seine Erfahrung mit den Bewegungstendenzen des «inneren Tierkreises» und der – von den Verhaltensweisen her gesehen – analogen «innerweltlichen Ordnung» des I Ging.

Die östliche Interpretation dieser Ordnung – und dies muß ausdrücklich ausgesprochen werden – ergreift freilich das hintergründige makromikrokosmische Licht-Dunkel-Spiel der Natur und des Lebens in einer Tiefendimension, die weit über unsere psychologische Sicht hinausgeht.

Daß aber auch von östlicher Seite eine Beziehung der Bewegungstendenzen der «innerweltlichen Ordnung» zu Jungs Extraversion und Introversion gesehen wird, möge ein Zitat zeigen, das der Neuübersetzung des «Geheimnis der Goldenen Blüte» durch Mokusen Miyuki[58] entnommen ist: «Meister Lü sprach: Was sich verströmt oder Samen und Geist sich ergießen läßt und in steter Bewegung ist, um mit den Dingen Fühlung zu nehmen, das gehört li zu (extravertiert), während das, was den Geist und das Bewußtsein nach innen wendet und zur Stille und richtigen Ernährung führt, k'an zugehört (dem Abgründigen, Wasser – introvertiert).» Die Zuordnung extravertiert und introvertiert stammt von Miyuki.

In den Strebungen des «inneren Tierkreises» und der «innerweltlichen Ordnung» sind die Kennzeichen der beiden bekannten psychologischen Typen deutlich zu fassen. Aber angesichts des seelischen Spektrums von Verhaltensweisen, das uns das Muster dieser inneren Ordnung bietet, sind wir imstande, *auch die Varianten der seelischen Haltungen zwischen den Polen* wahrzunehmen – Übergangshaltungen sehr spezifischer Art. Deren Züge werden bei der Beschreibung der bekannten Gegensatztypen psychologischerseits jeweils einem der Pole zugeschlagen, oder sie müssen in der deklarierten Relativität des Typenphänomens untergebracht werden. Das kosmopsychische Spektrum aber gewährt uns Möglichkeiten differenzierender Unterscheidung. Es läßt uns Einblick nehmen in psychische Aktivitäten des Übergangs, des Ansteigens und Abklingens jener Motive der Gegensätzlichkeit, deren eines dem Objekt und objektiven Vorgängen den überragenden Wert zuerkennt, während das andere das Ich und subjektive psychologische Vorgänge dem Objekt gegenüber zu behaupten sucht.

Das Ordnungsmuster der Psyche, dem wir im Symbol «Tierkreis» begegnen, bietet uns also eine differenzierende Sicht auf das psychologische Typenproblem der Extra- und Introversion, eine Sicht, die zu einer Zuwendung und zu weiterem Eindringen auffordert.

Aus der Darstellung der Bewegungstendenzen des «Tierkreises» möge aber keinesfalls geschlossen werden, daß Menschen, in deren Geburtsbild eine überwiegende Betonung der «sommerlichen» Elemente zu finden ist, allein dadurch bereits den psychologischen Typ des Extravertierten konstellieren, während bei Überwiegen «winterlicher» Elemente der Typ des Introvertierten zu erwarten ist. Bei der Polyphonie einer Geburtskonstellation ist solches auch gar nicht anzunehmen.

Nicht allein Aspekte, wie bei Introversion die Aspekte SATURNS, auch die Faktoren Taggeburt oder Nachtgeburt beziehungsweise die im weiteren zu besprechende über- oder unterhorizontige Akzentuierung des gesamten Geburtsbildes tragen zu einer vorwiegenden Einstellung vom Grunde her bei. Auch die Bewegungstendenz des Aszendenten, das heißt des Sonnenbahnabschnittes, der zur Geburtszeit im Osten des Geburtsorts aufstieg und der im «inneren Tierkreis» seine Korrespondenz besitzt, modifiziert die Grundeinstellung des

Subjekts zur Welt in hohem Maße. Es bringen eben viele Mitspieler ihre Weise zur Geltung.

So kann bei einer SONNE im «Löwen», von anderen Faktoren bestimmt, sogar Introversion gedeihen. Eine «Löwe»-SONNE bewirkt dann etwa eine erhöhte Verlebendigung des introversiven Lebensgefühls. Und «Steinbock»-Tendenzen können sich auch einem extravertierten Typ in ihrer spezifischen Art zur Verfügung stellen.

Jedenfalls ist es nicht sinnvoll, trotz der deutlich wahrnehmbaren objekt- beziehungsweise subjektbezogenen Gerichtetheit der Libido, wie sie das «Tierkreis»-Phänomen aufzeigt, mit den Begriffen Extraversion/Introversion typologisch zu arbeiten. Zu Komplexes ist hier im Spiel, was den namhaft gemachten Grundwerten des kosmopsychischen Urmusters «Tierkreis» nichts von ihrer unveränderbaren Art und ihrer psychologischen Bedeutung nimmt.

Nach Jung besitzt zudem jeder Mensch beide der hier in Frage stehenden Einstellungsmöglichkeiten. Nur das relative Überwiegen des einen oder anderen macht den Typus aus. Ebenso hat jeder Mensch auch teil am gesamten kosmopsychischen Urmuster «Tierkreis». Die konstellativen Akzentuierungen aber bedingen das Eigenmuster.

Der «Felder»-Kreis
als Urmuster der Psyche

Mit der oben geschehenen Erwähnung der über- oder unterhorizontigen Betonung eines Geburtsbildes gelangen wir nun zu einem weiteren Schritt in unseren Darlegungen: Zum Eingeordnetsein des Menschen in die *Tageszeit* seiner Geburt. Auch diesem Eingeordnetsein entspricht ein dynamisches Ordnungsbild in der Psyche, von dem wir in unserer tiefenpsychologischen Arbeit Kenntnis nehmen müssen. Zunächst ist, unter dem Aspekt des «Außen», auf ein dauernd gegebenes Verhältnis zwischen Firmament und dem Menschen an seinem Erdort hinzuweisen: Er erlebt das Firmament stets dergestalt, daß er nur jenen Himmelsteil wahrnehmen kann, der sich über ihm wölbt, während der bei den Antipoden sichtbare Himmelsteil für ihn unsichtbar bleibt. (Eine kosmische Analogie zum bewußten «Oben» und unbewußten «Unten» in seiner Psyche.)
Ferner ist vom Erdort her gesehen folgendes gegeben: Am Osthorizont steigt die Ekliptik (Tierkreis) samt dort befindlichen Gestirnen laufend über den Horizont, während gleichzeitig im Westen die gegenüberliegenden Ekliptikabschnitte unter den Horizont sinken. Östlicher Aufgang und westlicher Untergang – sowohl der Sonne wie des kreisenden Firmaments – sind für den Menschen von jeher unveränderliche Erlebnisse seines Erdendaseins.
Weiterhin erreicht im Himmelsumlauf eines Tages jeder ein-

zelne Ekliptikabschnitt beziehungsweise das einzelne Tierkreiszeichen und seine Grade, einmal seinen *höchsten* Stand über dem Meridian des Geburtsortes (seiner Mittagslinie). Diesem Stand entspricht ein *tiefster* Stand unter dem Horizont. Auf diese vier vom Erdort her feststehenden Meßpunkte bezieht sich das seit der späten Antike belegte astrologische Kreissystem der 12 sogenannten «Orte», «Häuser» oder «Felder». Dieses System erlaubt, die bewegten Läufe und dauernd sich ändernden Konstellationen von Sonne, Mond und Planeten wie auch die im Tageslauf wandernden Tierkreisabschnitte in ihrer jeweiligen Lage im Augenblick einer Geburt und im bezug zum Ort der Geburt zu fassen.

Das Vorhandensein dieses gedanklichen Gebildes bedeutet, daß die alte Astrologie, abgesehen von ihrem objektiv noch nicht «richtigen» astronomischen Weltbild, auf ihre Art Relationen beachtete, die durch die Drehung der Erde um ihre eigne Achse zwischen dem Geburtsort und dem bewegten Firmament geschaffen wurden. Die auf der Ekliptik gemessenen Planetenpositionen treten ja durch die Erddrehung quasi von Minute zu Minute zum Erdort in ein anderes Verhältnis.

Das hier für einen bestimmten Augenblick gegebene einmalige Konstellationsbild diente der Ausdeutung. Bereits die antike Astrologie verband bestimmte Bedeutungen mit der Position vor allem von Sonne, Saturn oder Jupiter im östlichen Aufgang (Aszendent), in Himmelsmitte (Medium coeli) oder am Punkt des Absinkens unter den Horizont (Deszendent). Später gesellte sich die Bedeutung der Himmelstiefe (Imum coeli) hinzu [59].

In diesen vier bedeutungsvollen Punkten, die das Spiel zwischen Himmel und Erde schafft, ankert das zweite Beziehungssystem des Horoskops, dem – wie gesagt – ebenfalls ein inneres eingeborenes Ordnungsbild entspricht.

Im Bezugsfeld dieser durch die Jahres- und Tagesdrehung gegebenen natürlichen und unabänderlichen Vierung lebt der Mensch. Er ist sich dessen kaum bewußt, aber sein Unbewußtes enthält den niemals erdachten, vielmehr eine Urgegebenheit ausdrückenden Archetypus der Quaternität.

Die vier Bezugspunkte Himmelshöhe (M.C.), Himmelstiefe (I.C.), Aszendent und Deszendent repräsentieren im kosmischen Bewegungsspiel für den Menschen also ein höchstes Oben, ein tiefstes Unten, ein Aufsteigen und ein Absinken. In ihrer kosmischen Verbundenheit hat die Psyche offenbar dieses Orientierungsmuster in sich konstelliert, *denn sie mißt die Akzente, welche die Geburtskonstellation setzt, an diesem Orientierungsmuster.* Als vereinfachtes Beispiel: Bei Planetenpositionen im Medium coeli ist zu beobachten, daß die entsprechenden kosmopsychischen Funktionen das natürliche Streben nach einem «Oben-Sein», nach einem «Hochkommen» oder nach Dominanz unterstützen.

In welchem Maße auch eine solche Strebung realisiert werden kann: die jeweils durch das M.C. bestimmten Faktoren setzen ihre Weise sicher und autonom durch.

Zeigt die Geburtskonstellation stärkere Akzente im Imum coeli, so haben die entsprechenden seelischen Funktionen den Duktus des Haltenden, beziehungsweise sie stehen im Dienste des Bewahrenden, sind Wurzelbereichen menschlichen Daseins gegenüber einsatzbereit. Oder aber sie arbeiten nach der Tiefe hin.

Dies scheint ein gewagtes gedankliches Spiel mit dem Bild eines Oben und Unten zu sein – *aber die Seele spielt es.*

Die Psyche des Neugeborenen vollzieht gleichsam eine erste orientierende Einstellung zur Welt. Jedenfalls gilt auch hier das Bild der «geprägten Form, die lebend sich (dann) entwickelt», ein Bild, das Goethe der Geburtskonstellation zudachte.

Das auf seine 4 Kardinalpunkte gestützte astrologische Ordnungsschema der 12 «Häuser»[60], oder, wie heute gebräuchlich, der 12 «Felder»[61], fixiert also die zur *Geburtszeit* gegebene Konstellation auf der Ekliptik in bezug auf den Geburts*ort* und gliedert sie sowohl über- als auch unterhorizontig in je 6 Abschnitte, deren Besetzung durch Planeten es zu beachten gilt.

Es wird mittels dieses Schemas das gewaltige, fließende, kosmische Bewegungsgeschehen gleichsam angehalten. Ein «Jetzt und hier» wird ausgeschnitten aus kosmischer Unbegrenztheit. Dieses Jetzt und Hier wird mittels des traditionellen Deutungssystems qualitativ ausgewertet. Bei dieser Auswertung aber scheiden sich die Geister!

Eine konkrete «Bedeutung» der 12 Häuser wird fast in jedem Lehrbuch der Astrologie aufgeführt. Diese Bedeutungen können bis in die Antike zurückverfolgt werden *(Abbildung 3)*. Sie wirken heute, als ob sie aus einem alten Wahrsagebuch stammen. An den Aszendenten[62], der die Spitze des ersten Hauses bildet und der Auskunft geben soll über Temperament und Konstitution, schließen sich in Zahlenreihenfolgen an: ein Haus des Reichtums oder materiellen Besitzes, ein Haus der Geschwister, Eltern, Kinder, Krankheit, Arbeit, der Ehe, des Todes, der Reisen und Religion, des Berufes und der Ehren, der Freundschaft und schließlich der Feindschaft und Einsamkeit.

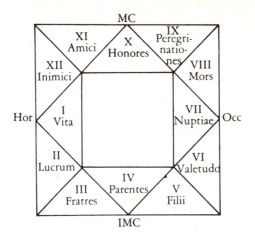

Abb. 3: Mittelalterliches «Häuser»-Schema
aus Boll-Bezold «Sternglaube und Sterndeutung»

Diese Bereiche kollektiven Lebens umschlossen für den das Horoskop befragenden Menschen zu allen Zeiten zentrale Anliegen seines Daseins. Das Projektionsgebilde dient heute noch als Unterlage horoskopischer Aussagen.

Die Psychologen unter den Astrologen der Gegenwart hüten sich heute allerdings weitgehend, Konstellationen, die über das Feldersystem gefaßt werden können, konkret zu übersetzen, das heißt, ihre Aussagen direkt etwa auf den Besitzstand (2. Feld), auf die Familie (4. Feld), auf Krankheit (6. Feld), Ehe (7. Feld), Beruf (10. Feld) zu beziehen. Sie betonen, ihre Aussagen beträfen nicht diese Bereiche in ihrer konkreten Realität, nur die Relationen zu ihnen. Dennoch fällt es den Ausdeutern eines Geburtsbildes sehr schwer, hier konsequent zu sein und Vermutungen über die genannten Lebensbereiche zu unterlassen.

Die Einsicht, daß auch die «Felder» oder «Häuser» zu den Aussagen der Astrologie gehören, *die nur symbolisch gelesen werden dürfen,* scheitert an der Suggestivwirkung, die von der Häufigkeit der sogenannten «Treffer» auf die Astrologen selbst ausgeübt wird.

Auch die Häuser des Reichtums, der Ehe, des Todes sind als Symbole aufzufassen, die über psychische beziehungsweise biopsychische Bewegungstendenzen des Wesens Mensch aussagen. Es ist sozusagen dieselbe Sachlage gegeben wie beim kosmopsychischen Phänomen «Tierkreis». Und nicht nur dieselbe Sachlage, von der symbolischen Sicht her – wahrscheinlich auch noch dieselbe Sachlage von jenem endogenen Phänomen her, das sich als eingeborenes Urmuster im «inneren Tierkreis» finden ließ.

Beim anzunehmenden innerpsychischen Orientierungsbild eines «Oben» und «Unten» in der Psyche, das bei Konstellationen im M.C. oder I.C. steuernd einzugreifen scheint, konnte schon die Analogie zu den Bewegungstendenzen «Steinbock» und «Krebs» ins Auge springen.

Die Analogie zwischen Tierkreis und Feldersystem wird vollends deutlich, wenn man die Symbole des Feldersystems auf ihre ihnen innewohnenden Bewegungstendenzen hin betrachtet. Mit anderen Worten: Je mehr man sich mit diesem System der 12 Felder beschäftigt, je öfter man gewisse konstante Verhaltensweisen eines Menschen vergleichen kann mit Konstellationen, die in gewisse Abschnitte dieses Systems fallen, desto mehr ist man überrascht von der Ähnlichkeit der Strebungen bei Tierkreisfeldern einerseits und Häuserfeldern andererseits.

Spricht zum Beispiel das 2. Tierkreiszeichen «Stier» von einem

Einverleibungsstreben, von einem Streben nach Mehrung der substantiellen Kräfte (vom allgemeinen Charakter dieses Mediums her), so das 2. Feld – von den Astrologen «Gewinn» oder «Besitz» genannt – vom persönlichen Streben des Nativen nach Lebenssicherung.

Dem vitalen Ausströmen und dem Sich-ausgeben-Können aus Überschuß, welche Lebensbewegung dem Medium «Löwe», dem 5. der Tierkreiszeichen, eigen ist, vergleicht sich die Tendenz des 5. Feldes, das die persönliche Beziehung des Menschen zu schöpferischem Werk, zu spielendem Lebensausdruck, zu liebender Zuwendung (einschließlich der sexuellen) symbolisiert.

Oder ein dritter Vergleich: Im 7. Zeichen des «inneren Tierkreises», der «Waage», manifestiert sich ein Ausgleichsstreben. Über dieses Medium tätige Funktionen arbeiten in kompensatorischer Weise. Im 7. Feld erscheint diese Tendenz ins Persönliche transponiert. Das heißt, in diesem innerpsychischen Feld denkend und handelnd, verhält sich der Mensch als antwortendes, reagierendes Wesen. Auch ist er auf ein antwortendes Du beziehungsweise auf antwortende Mit-Menschen ausgerichtet (Astrologisches Symbol: Ehe).

Alle 12 Felder zeigen, wenn man ihre Symbole auf den ihnen innewohnenden Strebungsgehalt reduziert, engste Verwandtschaft mit dem «Wesen» der ihnen in der Folgeordnung entsprechenden Tierkreiszeichen, so daß wir es wohl mit ein und demselben psychoiden archetypischen Steuerungsmuster zu tun haben, das im Falle der «Felder» in einer auf den einzelnen Menschen bezogenen Variante erscheint [63].

Der Mensch, der über seine Geburtskonstellation in einmaliger Weise an die kosmischen Rhythmen angeschlossen ist, besitzt demnach in seinem Unbewußten einen «persönlichen inneren Tierkreis», der im Strebungssystem der «Felder» faßbar ist.

Auf Grund dieser Hypothese kann psychologisches Arbeiten mit dem Geburtsbild zu fruchtbarer Einsicht führen: Wenn «Zeichen» und «Felder» eines Horoskops *Symbole desselben konstellierenden Urmusters der Psyche* darstellen, weitet sich das Verständnis für das Aussagevermögen des einzelnen «Feldes» beträchtlich. Die große Erlebnisfülle, die die Symbole des «inneren Tierkreises» in sich fassen, bedeutet als Hintergrund für ein Verstehen des einzelnen Feld-Symbols eine Sichtweite, die das traditionelle Häusersystem der Astrologie in der Enge seiner konkretistischen Bilder gar nicht bieten kann.

Mit dem Versuch, das 12-Felder-Gebilde auf reale astronomische oder geophysikalische Sachverhalte zurückzuführen, sind astrologische Überlegungen noch nie auf einen grünen Zweig gekommen [64].

Versuchen wir aber, die 12 astrologischen Häuser unter dem Aspekt der ihnen innewohnenden Strebungen – so wie diese sich in der Arbeit mit dem Geburtsbild auch erfahren lassen – zu interpretieren, dann bietet uns das in dieser Weise übersetzte Felder-System ein umfassendes Strukturbild menschlicher Antriebe.

So verstanden, wird vom sogenannten *1. Feld* eine intentionale Antriebskraft repräsentiert. Die über das 1. Feld arbeitenden Funktionen haben einen impulshaften, von sich aus zur Welt hin agierenden Duktus.

Das 1. Feld schließt sich (unter dem Aspekt des Außen) an den Aszendenten an, das heißt an den bei der Geburt im Osten aufsteigenden Punkt der Ekliptik. Die intentionale Dynamik dieses innerpsychischen Feldes wird modifiziert durch das Tierkreis-Medium, das konstellativ mit diesem Feld verbunden ist. So kann die intentionale Strebung in sehr verschiedener Weise sich bekunden: Fällt der Aszendent beziehungsweise das 1. Feld zusammen mit dem Tierkreiszeichen der «Zwillinge», so agiert das Subjekt von sich aus zur Welt hin in bewegter, die Situation rasch ergreifender Weise, während dieses Agieren bei einem Aszendenten in der «Jungfrau» nicht so spontan, vielmehr eher reserviert erfolgt. Liegen Aszendent und 1. Feld im Bereich des «Skorpion», so zeigt die Eigenaktivität ebenfalls nicht den unbefangenen Ausdruck der «Zwillinge». Auch hinter etwa glatteren Umgangsformen wird als Eigenton eine gewisse emotionale oder auch kritische Gespanntheit durchschlagen.

Gerade dieses Zusammenspiel von 1. Feld und Tierkreis-Medium vermag sich typisierend im Erscheinungsbild niederzuschlagen, welches Faktum auch astrologischerseits zur Aufstellung von Aszendenten-Typen geführt hat.

Das in Verbindung mit dem *2. Feld* wahrzunehmende Streben ist auf eine instinktive Befriedigung existentiell sichernder Bedürfnisse und Ansprüche gerichtet, die sich durchaus nicht nur auf materielle Sicherung zu beziehen brauchen. Es gibt auch das existentielle Bedürfnis, seinen seelisch-geistigen Ansprüchen Rechnung tragen zu wollen. Die Art dieser Bedürfnisse wird weitgehend bestimmt von den im 2. Feld arbeitenden kosmopsychischen Funktionen und den Bewegungstendenzen des mit dem 2. Feld zusammenfallenden Tierkreis-Mediums. Das Zusammenspiel dieser Faktoren ist beim Versuch, das Klangbild eines der Felder zu erfassen, stets zu berücksichtigen.

Das 3. Feld zeigt eine erweiterte Form des Sich-Aneignens, ein Ergreifen und ein Begreifen, ein bewußtes, zweckmäßiges Erfassen der Welt. Von der hier gegebenen Strebung her betreibt der Mensch praktische beziehungsweise gedankliche, auf Wissenserweiterung gerichtete Umweltergreifung. Er verhält sich umweltbezogen und umwelteinbeziehend. Der alte Symbolname «Geschwister» für dieses Feld weist auf die von Natur gegebene nächste Beziehungswelt.
Sowohl das 2. wie das 3. Feld besitzen den Unterton des Kaptativen. Das 3. Feld fördert Beweglichkeit und Beziehungsbreite. Die Dynamik der «Zwillinge» ist spürbar. Den Intentionen dieses Feldes, seinem Verstehen- und Sichverständigen-Wollen dient die Sprache, und so haben die Astrologen dem 3. Feld die sprachliche Mitteilung in jeder Form (Rede, Schrifttum) zugeordnet.

Im 4. Feld – dem Feld der Himmelstiefe vom Außenaspekt her gesehen – ist, wie schon erwähnt, die Grundstrebung des Retentiven zu fassen. Bei der Beschreibung des Modus «Krebs» wurde die Bewegungstendenz des Haftenden und Bewahrenden genannt. Es wurde auf die Beziehung zum Gewordenen und Vergangenen hingewiesen. Ebendasselbe charakterisiert auch die Tendenz des 4. Feldes.
Der alte astrologische Name parentes weist auf Wurzelwelten: hier insbesondere auf den persönlichen Wurzelboden, auf Familie und Vergangenheit, wovon Persönliches von der Tiefe her geprägt wird. Das 4. Feld repräsentiert primäre Bindun-

gen. Es symbolisiert im weiteren Sinne auch die Beziehung des Menschen zur Tiefe des Unbewußten und zur Innenwelt. Die im 4. Feld arbeitenden Funktionen entziehen sich bewußter Steuerung weitgehend. Ist das 4. Feld konstellativ sehr betont, dann stehen ziemlich häufig und mehr als wünschenswert entwicklungshemmende Haltungen im Lebensspiel: zum Beispiel ein allzulanges Verbleiben in Elterngebundenheit, wobei dann die innere Disposition das im Außen Gegebene kumuliert. Oder aber es besteht eine Art von unbewußter Abwehr, Gewohntes um weiterer Entwicklungsschritte oder eigener Wagnisse willen aufzugeben. Über die Strebung des 4. Feldes sucht der Mensch nach einem tragenden Untergrund beziehungsweise nach einem Lebensrahmen.

Die Verwandtschaft der entäußernden Strebung des 5. *Feldes* mit der ausströmenden Tendenz des «Löwen» wurde schon angeführt. Der Modus des 5. Feldes zeigt ein natürliches Gefälle. Hier wird nichts zurückgehalten, aber es wird auch wenig gesteuert. Die Funktionen, die über das 5. Feld tätig sind, suchen den unmittelbaren Ausdruck – freilich im Rahmen jener Bewegungstendenz des Sonnenbahnabschnittes, dem das Feld zugehörig ist. Die hier gegebene Strebung nach unmittelbarem Ausdruck hat dazu geführt, Erscheinungen, die diese Dynamik in sich tragen, mit diesem Feld in Verbindung zu bringen: schöpferisches Tun, Spiel, Selbstdarstellung, Liebe zum Kind und zum anderen Geschlecht. Für die Lesung entscheidend ist aber nur der Modus der unmittelbaren Entäußerung.

Bei akzentuiertem 6. *Feld* hat der Mensch sich mit jener Problematik auseinanderzusetzen, die im «inneren Tierkreis» das

Zeichen «Jungfrau» repräsentiert. Im astrologischen Häusersystem heißt dieses Feld «Arbeit» und «Krankheit». Damit faßt der Astrologe die Erfahrung, daß ein vom 6. Feld begünstigtes Sich-Verausgaben im Einsatz der Kräfte zu einem Defizit im gesundheitlichen Haushalt führen kann.

Das 6. Feld hat gebenden, im Sinne von helfendem Charakter. Die über dieses Feld arbeitenden Funktionen aktivieren zwar nicht die Seelenhaltung persönlicher Hingabe, aber ein Einsetzen der Kräfte für ein Sachgebiet. Das 6. Feld bietet seine Impulse dem die Objektwelt bearbeitenden Menschen an. Persönliches tritt vor solcher Haltung zurück. Das Objekt kann auch der andere Mensch sein: nicht der Mensch als der unabhängige Andere, als gegenschwingendes Du, sondern der Mensch als Objekt, der des Einsatzes hilfreicher Kräfte bedarf. Die bisher besprochenen Felder 1 bis 6 waren, bezogen auf ihren Außenaspekt, unterhorizontige Felder. Sofern wir in ihnen primären Antrieben und Bedürfnissen des Menschen begegnen, kann man sie existentiellen Antrieben extraversiver Art zuordnen.

Die folgenden Felder 7 bis 12 symbolisieren Bedürfnisse, die dem Menschen als einem auf innere, seelisch-geistige Erlebniswerte gerichteten Wesen, also als einem Kulturwesen, eigen sind. Hier übersteigt die alte, astrologische Konzeption, die unbestreitbar auf «Erfahrungen» mit den genannten überhorizontigen Feldern beruht, ganz entscheidend neuzeitliche, den Menschen erklärenwollende Trieblehren. Das astrologische Häusersystem bringt zur Kennzeichnung der «Bedeutung» dieser Felder die Begriffe Ehe, Tod, Reisen, Religion, Berufung, Freunde und Hoffnungen, Einsamkeit. Führt man diese Bezeichnungen auf das sie von innen Bewegende zurück, so offenbart jedes der angeführten Bereiche ein «hinter» ihm stehendes seelisch-geistiges Bedürfnis existentiell notwendiger Art, das nicht etwa als durch den Werdegang des Menschen erst entstanden oder als aus anderen Grundtrieben abgeleitet oder sublimiert angesehen werden kann. Wo kosmische Entsprechung so sehr mitzureden hat, haben wir es mit dem archetypisch Gegebenen der menschlichen Seele zu tun.

Zur Tendenz des *7. Feldes* gehört es, eine persönlich antwortende Haltung zu konstellieren, beziehungsweise, wie schon erwähnt, sich als ein Antwort suchendes, als reagierendes, sich selbst am anderen erlebendes und sich entwickelndes Wesen zu erfahren. Die psychischen Funktionen, die in diesem Feld tätig sind, arbeiten im Sinne dieses Gerichtetseins.

Die Tendenz des *8. Feldes* steht in Gegenbewegung zur Tendenz des 2. lebenssichernden Feldes; sie vollzieht eine Gegenbewegung, die vom Menschen nicht leicht zu bewältigen ist. Die leibliches Leben sichernden Impulse treten hier ganz zurück zugunsten eines Dranges, der auf Steigerung seelischen Lebens ausgerichtet scheint. Es geht in diesem introvertierenden Felde nicht um Bereiche materiellen Lebens, sondern um die Intensivierung inneren Erlebens und innerer Lebenserfahrungen wie um das Wachstum seelischen Lebens.
Die Tendenzen des 8. Feldes spielen sich in vielen Tonlagen und in oft dramatischer Weise aus: vom Drang nach Sensation (den heute die Massenmedien zu befriedigen suchen) bis zum Bedürfnis des Menschen nach Erleben seelischer Wirklichkeiten, wobei äußere Realitäten zu wenig beachtet werden. Die Dynamik dieses Feldes kann vital unvernünftigen bis lebens-

feindlichen Charakter entwickeln. Der alte astrologische Name des 8. Feldes ist mors. Der Drang, sich Stofflichem zu entringen, weist den Menschen aber auch auf den Vollzug eines «Stirb und Werde»: eine Aufgabe, die dem 8. Feld ebenso wie der Seelenhaltung «Skorpion» gestellt ist. In beiden Dynamismen sind Wandlungsmöglichkeiten beschlossen.
Repräsentierte das 7. Feld die Einstellung auf ein gegenschwingendes Du, welches Eingestelltsein das Ich relativiert, so tritt im 8. Feld das Ich entweder zurück gegenüber einem als wirksam erlebten Überpersönlichen, von dem dieses Ich sich ergreifen läßt. Oder aber eine gesteigerte seelische Erlebnisbereitschaft nährt ein Übermaß an Selbstbezüglichkeit. Die Leistung der Seele wäre hier, die erlebbaren, das rationale Erfassen und das Ich übersteigenden, seelischen Wirklichkeiten einzubeziehen in ein umfassenderes Menschsein – eine Seelenleistung, die Voraussetzung für die Freiheit der Persönlichkeit zu sein scheint, wie sie das 9. Feld erstrebt.
Eine Akzentuierung des 8. Feldes kann sich bei Unreife auch auswirken in einer Nichtachtung der Lebensansprüche anderer. Es kann sich dies in ganz alltäglichem Maßstab zeigen: so wenn eigne seelische Ansprüche dazu drängen, sich nach vorn zu spielen.

Das *9. Feld* zeigt analog der Bewegungstendenz des «Schützen» die Strebung nach Freiheit und innerer wie äußerer Unabhängigkeit. Der Zug nach Überlegenheit und Selbständigkeit, den das 9. Feld konstelliert, besitzt noch nicht die Ballung eines Willens zur Macht, zu dem die Tendenzen des 10. Feldes inklinieren. Dem 9. Feld entspricht der Drang, die eigne Persönlichkeit frei entwickeln und in Freiheit über sich bestimmen zu können. Das Bedürfnis nach Bewegungsfreiheit, das sich im 9. Feld durchzusetzen sucht, läßt die astrologische Verknüpfung dieses Feldes mit Reisen verstehen.

Analog dem «Schützen» arbeiten die kosmopsychischen Funktionen im 9. Feld sicher und mit der Intention, bestimmend auf andere Menschen einzuwirken.

Ins Geistige transponiert übersetzen sich die Tendenzen dieses Feldes in der Verfolgung «höherer» Ziele und im Aufstellen humaner Lebensforderungen. Die Strebung des 9. Feldes, als das geistige Führung suchende und auch höhere Führung anerkennende Feld, scheint ebenso wie das transzendierend gerichtete 8. Feld einen kosmopsychischen Anteil beizutragen zu jenem psychischen Phänomen, das C. G. Jung die religiöse Funktion der Seele genannt hat.

Die Strebung des *10. Feldes* könnte man als eine Tendenz zur Erreichung eines optimalen «Oben» im Sinne von Meisterung und Beherrschung bezeichnen. Im alten Häuserschema wird dieses Feld honores genannt. Noch die heutigen Astrologen betonen öffentlichen Rang und Berufsstand. Die im 10. Feld arbeitenden Funktionen haben einen autonomen Zug. Sucht die Strebung dieses Feldes auf extravertierter Ebene «Herrschaft», so auf introvertierter «Beherrschung». Die im 10. Feld arbeitenden kosmopsychischen Funktionen unterstützen Selbstbewußtsein und Eigenverantwortung, aber auch Willkür. Das «Steinbock»-Motiv ist spürbar.

Beim unmündigen Menschen, ob Kind oder Erwachsener, scheint dieses Feld die Instanz des Über-Ichs zu vertreten, eine Art von noch nicht eigenem Gewissen, das der öffentlichen Meinung und elterlichen moralischen Lehren entstammt und bestimmend wirkt bis zur Konstellierung eigner Verantwortung.

Die Strebung des *11. Feldes* veranschaulicht ein menschliches Bedürfnis, dessen existentielle Notwendigkeit vielfach unterschätzt wird: eine nach der Zukunft offene Lebenshaltung, ein Bereitsein, eine Ausrichtung auf das Mögliche, auf das Werdende. Ob auf der Ebene praktischer oder seelisch-geistiger Lebensbewältigung tätig, zeigen die im 11. Feld arbeitenden Funktionen die Fähigkeit, Werdendes als Realität mit einzubeziehen. Wie bereits erwähnt, findet sich in den Geburtsbildern von Psychologen, Pädagogen und Psychotherapeuten, deren Grundeinstellung überwiegend prospektiv und weniger reduktiv genannt werden kann, eine konstellative Betonung des 11. Feldes relativ häufig. Es kann die Einstellung auf Werdevorgänge auch durch eine «Wassermann»-Akzentuierung gegeben sein.

In der astrologischen Literatur findet sich für das 11. Feld das Kennwort «Hoffnung». Daß «Hoffnung ein wesentliches Element in der Struktur des Lebens und der Dynamik des menschlichen Geistes» sei, betont der Psychoanalytiker Erich Fromm, damit den primären Bedürfnis-Charakter dieser der Zukunft zugewandten Haltung aussagend [65].

Das 11. Feld fördert eine von Ideen getragene Aktivität. Die alten Astrologen haben diesem Feld auch den Namen «Freundschaft» gegeben. Es ist wohl nicht schwer, diese besondere menschliche Beziehung, die in keiner Naturabhängigkeit gründet, mit der vom prospektiven 11. Feld getragenen Bejahung menschlicher Entwicklung und der Förderung dieser Entwicklung in Verbindung zu bringen. Wir wissen ja, daß in der antiken Auffassung der Freundschaft das Motiv der Förderung des Freundes um dessen Entwicklung willen eine besondere Rolle spielte.

In der Strebung des 11. Feldes fehlt Rückbezogenheit. Daher werden hier möglichst keine konventionell verpflichtenden Bindungen eingegangen. Die über dieses Feld arbeitenden Funktionen gehen eher in die Haltung der Indifferenz und Unverbindlichkeit, die zwar Objektivität erlaubt, das Subjekt aber in Distanz und freibleibend zu halten sucht. Das 11. Feld ist affektarm.

Die Strebung des *12. Feldes* ist – analog dem Zeichen «Fische» – auf das Zurücktreten des Ichs zugunsten der Mitmenschlichkeit gerichtet. Die Strebung dieses Feldes spricht vom Menschen als einem sozialen Wesen. Anders als die Tendenz des 6. Feldes, die ein Hingeben der Kräfte fordert, drängt die Tendenz des 12. Feldes auf Hingabe des Ichs.

Geburtsbilder von Personen, die aus innerem Drang in sozialem Tun oder in religiös bestimmter Hingabehaltung ihren Lebenssinn sehen, zeigen oft eine Akzentuierung dieses Feldes; ebenso solche, die auf eine Lebensführung in größeren Gemeinschaften wesengemäß ausgerichtet sind (wobei in diesem Fall von Entwicklungsphasen, Zeitgeist, politischen Manipulationen usw. abzusehen ist).

Trifft ein akzentuiertes 12. Feld auf einen hohen Grad von Selbstbezüglichkeit des Nativen, oder bleibt aus anderen Gründen der «Sinn» des 12. Feldes ohne Verwirklichung, so konstellieren sich jene psychischen Gegebenheiten, die diesem Feld seinen im astrologischen Volksmund üblichen Namen eingetragen haben: Einsamkeit und Feinde. Dieser Name bezeugt, daß es dem Menschen nur schwer gelingt, die selbstlose Hingabehaltung, die das 12. Feld (das «Wir» betonende Feld) anfordert, zu leisten. Einem archetypischen Pattern dieses Feldes scheint die Opferhaltung zu entsprechen: Bei Fehlübersetzungen gerade dieser Grundstrebung sind masochistische Züge zu beobachten.

Zusammenfassend kann gesagt werden, daß das tradierte «Häuser»-Modell der Astrologen, so man es auf den Strebungscharakter seiner einzelnen Felder reduziert, ein Strukturbild menschlicher Antriebe anbietet, mit dem mit großem Gewinn zu arbeiten möglich ist. Ein Vergleich mit primären menschlichen Triebbereichen, wie sie in der Biologie und Psychologie bekannt sind, läßt erkennen, daß das Strebungsbild der Felder weit über vorhandene Triebmodelle hinausgeht, da hier auch seelisch-geistige Strebungen, *als von Natur im Menschen angelegt,* im Strebungsganzen enthalten sind.

Diese Erfahrung deckt sich mit der Jungschen Aussage, daß in der Psyche auch das Geistige als ein Trieb erscheint, als ein autonomer Trieb, der nicht etwa das Derivat eines anderen Triebes ist. Das kosmopsychische Grundmuster «Felder» zeigt den Menschen auf kulturelle Ansprechbarkeit hin angelegt. Ohne diesen «Feldern» ein Dirigieren in diesem Sinne zudenken zu wollen, zeigt es sich doch in der Arbeit mit ihnen, daß über sie geistbestimmtes Leben erhöht zum Zuge kommt.

In seinem Werk «Zoologie des Menschen» fragt der Biologe Joachim Illies angesichts der 4 Triebbereiche der Neo-Psychoanalytiker: «Ja gibt es diese Triebe überhaupt wirklich? Gibt es 4 – nicht 3 und nicht 6 oder gar 20 unabhängige Seelenorgane in uns?» «Nehmen wir den handelnden Organismus als körperlich-seelische Ganzheit, so müssen wir die Frage letztlich sogar verneinen.» Aber eingedenk der Schwierigkeit, im Dimensionslosen nach einer Struktur der Seele zu suchen, stellt er fest, daß es dennoch «wirksame Einteilungen» gibt, *die sich im praktischen Umgang als wirklich erweisen.* Als eine solche, die die Fähigkeit besitzt, das biopsychische Gefüge des Menschen zu erhellen, bietet sich das kosmopsychische Strukturbild der Felder an, das uns in symbolischer Sprache überliefert worden ist. Seine umfassende Sicht auf den Menschen in seiner naturhaft gegebenen Ganzheit erstaunt. Entschlüsselt erweist es sich voller noch auszuschöpfender Perspektiven.

Ein psychologisches Arbeiten mit dem Felder-Modell ist allerdings etwas erschwert durch die Notwendigkeit, sich die Technik zur Aufstellung eines Geburtsbildes, bezogen auf die geographische Lage des Geburtsortes und auf die genaue Geburtszeit (Ortszeit), aneignen zu müssen. Dies war beim Umgang mit der Tageskonstellation (meist ist auch nur diese bekannt) nicht nötig, wobei vom genauen Stand des Mondes abgesehen wurde.

Daß die Angaben der Geburtszeit ganz selten minutengenau sind, muß erwähnt werden. Dies fällt aber, da wir es mit Strebungen und fließenden Übergängen zu tun haben, nicht allzusehr ins Gewicht.

Nun ist der technische Vorgang einer genauen Geburtsbildaufstellung zu kompliziert, als daß im Rahmen unserer Darstellung der Ort wäre, ihn ausreichend darzustellen. Die Theorie der 12 «Häuser» besitzt eine weitläufige Vorgeschichte, die heute noch die Anwendung verschiedener Techniken zur Folge hat. Verwiesen sei daher auf das leichtfaßlich und konzentriert geschriebene Kapitel «Berechnungen» im «Lehrgang der Astrologie» von Xylander[66]. Dieser stützt sich auf die Berechnungsmethode des Placidus de Titis[67], der die Einteilung der Felder nicht wie andere, unter geometrischen Gesichtspunkten vorgenommen hat, sondern unter dynamischem Aspekt, was dem vorliegenden Phänomen auch angemessen erscheint. Placidus teilte die Zeit einer Tagesdrehung der Erde in 12 Abschnitte, die, auf den Himmelsäquator projiziert und dann auf die Ekliptik übertragen, das scheinbar «verschieden große» Bild der Felder im Horoskop-Schema ergeben. Mit der Zwei-Stunden-Einteilung berührt er sich mit antiken und ostasiatischen Auffassungen eines qualitativen Unterschieds der Doppelstunden in bezug auf einander. Der Kreis der Doppelstunden, beruhend auf der Tagesdrehung der Erde, erfuhr in der Antike ebenso wie der Tierkreis eine bildhafte Darstellung durch Tiere. Und zwar wurden die Doppelstunden-Symbole gleichzeitig mit den Tierkreissymbolen dargestellt und verwendet, ohne aber mit ihnen identisch zu sein. Sie wiesen ja auf einen anderen kosmopsychischen Tatbestand; sie wiesen ganz im Sinne des Placidus auf die 12 Qualitäten der «Felder»[68].

Im weiteren soll versucht werden, den beschriebenen Strebungscharakter der «Felder» an einigen Beispielen zu verdeutlichen. Das Heranziehen von Beispielen muß im Falle der «Felder» auf jeden Fall ein Wagnis genannt werden. Denn während es nicht allzuschwer ist, anhand von Akzentuierungen des Strukturbildes «innerer Tierkreis» oder aber anhand der Aspekte psychische Bewegungstendenzen an Beispielen bekannter Persönlichkeiten anschaulich zu machen, so fraglich ist dies Unternehmen beim Strukturbild «Felder». Das den Sonnenlauf incorporiert habende Strukturbild «Tierkreis» macht Aussagen über *allgemeine* im Menschen angelegte Bereitschaften, wogegen das Strukturbild «Felder» von Verhaltensweisen spricht, die in einem *persönlich* konstellierten kosmopsychisch gebundenen Unbewußten wurzeln. Beim Versuch einer Lesung, quasi auf der Subjektstufe, dürfen wir auch nicht in die traditionell aufgestellten Fallen des Konkretisierens hineingeraten. Zwar haben wir mit der erfahrungsbewährten Annahme, es hier mit einer Variante des seelischen Urmusters «Tierkreis» zu tun zu haben, gewisse ausrichtende Strebungen in der Hand, die in den Bereich persönlicher Antriebe und Bedürfnisse auch übertragen werden können. Aber um zu erfassen, wie der Mensch nun sein ureigenstes Strebungsbild aus dem Strebungscharakter des einzelnen Feldes heraus übersetzt, dazu muß der an einem Geburtsbild Arbeitende weitgehenden Einblick in das persönlich gelebte Leben des Geburtsbildträgers gewonnen haben. Diese Bedingung läßt sich freilich anhand einer tiefenpsychologischen Arbeit mehr oder weniger erfüllen.

Dennoch bleibt für eine Erfassung des Felderbildes die Schwierigkeit bestehen, daß die Möglichkeit der Auffächerung der einzelnen Strebungen und die Möglichkeiten ihrer jeweiligen Verwirklichungen unbegrenzbar sind, zumal beim differenzierten Menschen, obwohl der Eigencharakter der Strebungen in aller Verwirklichung erhalten bleibt. Aussagen können also nur vage sein und Letztlich-Gerichtetes zu erfassen suchen.

Für uns bieten sich als Beispiele nur Persönlichkeitsbilder bekannter Menschen an, bei denen wir das aus der strukturellen Anlage schon Gewordene zu fassen in der Lage sind.

Mit solchen Ausformungen der Persönlichkeit haben wir es bei Geburtsbildern in der tiefenpsychologischen Arbeit meist nicht zu tun. Hier aber müssen wir sie heranziehen.

Die eingeborene seelische Energetik, dargestellt am Beispiel der Nativitäten von Goethe und Rilke

Es wurde zu Beginn des «Felder»-Themas erwähnt, welche Bedeutung seit alters dem Ort der Himmelsmitte, dem Medium coeli (M.C.), zugedacht wird. Zeigte eine Nativität die Sonne oder die Großplaneten Jupiter und Saturn im M.C., so galt dies bei den alten Astrologen als Hinweis darauf, daß dem Träger dieser Nativität vom Schicksal Ruhm, Ehren oder die Erreichung eines hohen Ranges bestimmt seien. Im kollektiven Bewußtsein bedeuteten diese Dinge ja das optimal Wünschenswerte für den Menschen.
Diese traditionelle Bewertung des 10. Feldes konnte sich halten, weil in den Nativitäten «hochgestellter» Personen – und darunter verstand man noch in diesem Jahrhundert vornehmlich regierende Personen und Staatsmänner – besonders häufig ein Sonnenstand im M.C. oder doch im Bereich der Himmelsmitte festzustellen war [69]. Eine Sonne im 10. Feld zeigen zum Beispiel die Geburtsbilder von Friedrich dem Großen, Napoleon und Goethe. Bismarck und Mussolini haben in ihrem Geburtsbild die Sonne im ebenfalls autonomiebetonten 9. Feld.
Nun finden wir im Material der Geburtsbilder, die wir in der psychologischen Arbeit zu sehen bekommen, sehr häufig eine Sonne, einen Jupiter- oder Saturnstand im 10. Feld. Und es wird zu beobachten sein, daß der Träger einer solchen Konstellation entweder von seiner zentralen Lebensbewegung her (SONNE) oder mit Einsatz seiner JUPITER- oder SATURN-Funk-

tion sein für ihn spezifisches «Oben» (das konkreter oder geistiger Art sein kann) zu erreichen sucht. Und zwar ist eine solche Strebung primär als vom Unbewußten her geschehend anzusehen, wenn auch, zwecks Erreichung gewünschter Souveränität, Kräfte ganz bewußt eingesetzt werden. Für die Akzentuierung des 9. Feldes gilt, dem Sinn dieses Feldes gemäß, ähnliches.

Es macht freilich einen gravierenden Unterschied im Wesensbild aus, ob das Streben nach Autonomie, Unabhängigkeit, Beherrschung (objektiv oder subjektiv verstanden) von der SONNE, von der JUPITER- oder SATURN-Funktion getragen wird.

Dort, wo SATURN die Strebung des 10. Feldes betreut, besitzt diese eine gespanntere, konzentriertere, unter Umständen einengendere, krampfhaftere Note, als wenn dem 10. Feld die Aktivitäten von SONNE oder JUPITER zur Verfügung stehen, die ihr quasi eine natürliche Selbstverständlichkeit zuspielen. Dies wird greifbar anhand der Nativitäten der erwähnten drei «Großen»:

So wird Goethes SONNE in Himmelsmitte flankiert von VENUS und MERKUR, als Gehilfen bei der Verwirklichung menschlicher Souveränität. Friedrichs des Großen SONNE wird flankiert von MARS und JUPITER. Und in Napoleons Nativität hat die SONNE zwar ihre Position im 10. Feld, dominanter als sie, das heißt dem M.C. näher, ist aber SATURN gestellt. Dieses ergibt sehr verschiedene Klangbilder eines Herrschaftswesens!

Im Geburtsbild Goethes begegnen wir im 10. Feld einem musischen Akzent: VENUS und MERKUR, im Halbsextil verbunden, setzen ihre Gaben gemeinsam ein. *(Abbildung 4)*

Bei Friedrich dem Großen stehen der SONNEN-Herrschaft zur Seite der für einen Feldherrn nötige souveräne MARS und der für einen Regenten unentbehrliche, ordnende und das Ganze überschauende JUPITER. Und bei Napoleon schließlich wird das Gesicht seiner Herrschaft durch SATURN geprägt, zu dessen Wesen der Wille zur Macht und die Neigung zur Gewaltausübung gehören. Das ergibt nicht den Herrschertyp des Staatsmannes, sondern des Diktators. Doch ist bei Napoleon auch die SONNE im Spiel, und zwar eine SONNE, die – den ausdrucksstarken Löwen im Hintergrund – dem Wesen des Geburtsbildträgers eine vitale Mächtigkeit und natürliches Selbstbewußtsein zuleitet. Ferner hat der Herrscher SATURN neben sich auch einen MERKUR als Gehilfen, wodurch dem saturnischen Ausdruck Wendigkeit und eigenständige Intelligenz (MERKUR im LÖWEN und beim M.C.) zur Seite stehen.

In allen drei Beispielen haben wir eine ihre Souveränität gestaltet habende Persönlichkeit vor Augen, aber bei jeder konstellierten die mitwirkenden Funktionen ein anderes Herrschaftsbild.

Für den psychologischen Umgang mit einem SATURN im 10. Feld wäre zu sagen, daß diese Position einem Extravertierten handgreiflichere Probleme zuspielt als dem Introvertierten, dessen seelische Grundeinstellung der Bewegungstendenz des SATURNISCHEN nicht entgegengerichtet ist.

Der Extravertierte, der die saturnische Wirksamkeit in seinem psychischen Feld des «Oben» als Begrenzung seines Drangs nach Unabhängigkeit und Eigenständigkeit erlebt, kann es etwa entmutigt aufgeben, ihm gemäße Positionen zu erringen; er kann aber auch, so ihm die aktiven Mittel zur Verfügung stehen, mit saturnischer Ballung der Kräfte versuchen, seine Souveränitätsziele gewaltsam durchzusetzen, oder mit SATURNgemäßer Ausdauer, konzentriertem Willen und Geduld.

Der Introvertierte vermag eher, das seine Wirkung in der Welt Begrenzende oder Verzögernde als ein zu seinem Wesen Gehöriges zu verstehen. Unwillkürlich wird er das SATURNISCHE als souveränes Element in sein Persönlichkeitsbild einzubauen versuchen.

Im ganzen wäre zu sagen, daß jede der kosmopsychischen Funktionen im 10. Feld einen bemerkenswerten Trend zur Autonomie zeigt, und zwar in ihrem Bereich und in ihrer Weise – ganz abgesehen vom übrigen Kräftespiel der Nativität. Welche Funktionen auch immer über das 10. Feld wirksam sind: sie werden das Persönlichkeitsbild stets besonders charakterisieren. Ein MARS im 10. Feld wird den aktiven beziehungsweise kämpferischen Einsatz der Persönlichkeit ins Sichtbare heben. Ein MERKUR aktiviert etwa Fähigkeiten, die eine Lebensbeherrschung durch Intelligenz, Wissensvermittlung oder praktische Fertigkeiten erlauben.

Dem 10. Feld der «Himmelshöhe», des psychischen «Oben», ist entgegengesetzt das 4. Feld der «Himmelstiefe». Unter der führenden Betonung dieses Feldes richten sich die unbewußten wie bewußte Strebungen der Persönlichkeit nicht auf Ziele der Weltbewältigung hin aus, nicht auf Konstellierung von Unabhängigkeit oder von Dominanz in der äußeren Welt. Die stärksten Lebensbewegungen erfolgen vielmehr von gegebenen Bedingungen, von vorliegenden Lebensfakten her, beziehungsweise auf die Schaffung eines begrenzten Lebensrahmens hin.

Ist eine SONNEN-Position im 4. Felde gegeben, dann halten auch geistige Kräfte bevorzugt die Beziehung zu den Wurzelbereichen des eigenen Seins (oder des Seins überhaupt) aufrecht.

In jedem Fall wird ein akzentuiertes 4. Feld mit seinen haltenden und auch nach innen gerichteten Strebungen einen großen Anteil derartiger Aktivitäten der Lebensführung zubringen, dies in förderndem, tragendem, aber auch in allzusehr haftendem Sinne zu verstehen. Der Fähigkeit, über die Strebungen des 4. Feldes zu einer vertieften Seinsauffassung zu gelangen, steht ein wenig ausgeprägter Drang zu willensmäßig und bewußt geführter Lebensgestaltung gegenüber.

Der Klang des 4. Feldes der «Himmelstiefe» hat sich im Leben und Werk Rainer Maria Rilkes in besonderem Maße ausgeprägt. Sein Geburtsbild zeigt eine Mitternachtssonne, die mit VENUS und MERKUR eine Triade bildet. Wie in Goethes Geburtsbild, in welchem diese Trias die «Himmelshöhe» beherrscht, bilden VENUS und MERKUR miteinander den genauen Aspekt des Halbsextils: hier wie dort durch ihre Gemeinsamkeit einem sprachkünstlerischen Vermögen und einem fühlenden Denken den Boden bietend *(Abbildungen 4 und 5)*. Rilkes Weltsicht, von der starken konstellativen Betonung der Tiefe gezeichnet, ist ganz zentral in seiner Aussage enthalten:

«Durch alle Wesen reicht der eine Raum, Weltinnenraum.»

Rilke hat versucht, den Menschen, die Geschöpfe, ja auch die Dinge vom Erleben dieses Weltinnenraums her auszusagen. Er versuchte dies in seinem ganzen Werk, wobei ihm das seelische Strukturelement NEPTUN durch Aspektbindungen zur Seite stand, Fühlen und Denken befähigend, auch das Schwin-

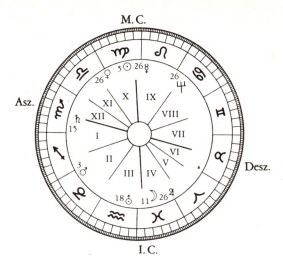

Abb. 4: J. W. v. Goethe

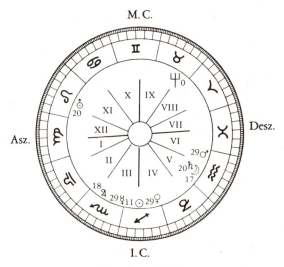

Abb. 5: R. M. Rilke

gungshafte, das «Wesenhafte» der Erscheinungen zu erfühlen und es dem Bewußtsein zuzuführen. Rilkes Weltinnenraum hat «Berge des Herzens», «Ortschaften der Worte», «Gehöfte von Gefühl». Er bewegt sich im «wunderlichen Bergwerk» der Seele. Blumen und Früchte sind ihm Offenbarungen der Kräfte der Tiefe.

«O, der ich wachsen will, ich seh hinaus, und in mir wächst der Baum.» Diese Sprachbilder, die von Wirklichkeiten der Seele reden, zeigen vom Grunde her einen anderen Weltbezug als den, der sich in den Worten des Goetheschen Türmers ausspricht: «Zum Sehen geboren, zum Schauen bestellt.» Dieses Schauen von «oben» her – getragen von SONNE, VENUS und MERKUR in «Himmelshöhe» – läßt den Menschen die Dinge der Nähe wie der Ferne, der Höhe wie der Tiefe in ihrer gegenständlichen Wirklichkeit, in der Schönheit ihrer Formen, in der vollen Sichtbarkeit ihres Daseins erfassen.

Die Gegenüberstellung einer SONNE-VENUS-MERKUR-Betonung, einmal im Medium coeli, zum anderen im Imum coeli, in der gelebten Übersetzung durch zwei große Persönlichkeiten, gestatten uns einen Einblick in das Ausgerichtetsein der Persönlichkeit durch die kosmopsychischen Komponenten der «Felder». Es dürfte hier jedoch noch eine erweiterte Betrachtung am Platze sein, denn das Goethe-Geburtsbild weist ebenfalls auf eine starke Tiefenbeziehung hin, die besonderer Art ist und es vermag, unser Verständnis der so bedeutsamen Höhen-Tiefen-Strebung zu differenzieren.

Hier darf die Frage aber nicht unterlassen werden, ob wir bei eingehenderer Geburtsbildbetrachtung etwa gebotene Grenzen überschreiten, wenn es sich um einen Goethe, um einen Rilke handelt?

Die so gestellte Frage darf wohl verneint werden. Die Betrachtung eines Kräftespiels, das die um den kosmischen Faktor erweiterte Natur dem Menschen als Voraussetzung für sein Leben mitgab (wie seinen Körper auch), rührt nicht an das Geheimnis seines persönlichen Erlebens, nicht an allerpersönlichste Mühen und Auseinandersetzungen, nicht an sein Werden und Sich-Wandeln, an Glück, Erleiden oder Gelingen.
Goethe selbst weist ja hin auf jenes Gesetz der Konstellation, wonach der Mensch bei der Geburt angetreten. Und er gibt der Meinung Ausdruck, daß sich durch eben dieses Gesetz der einzelne von jedem anderen bei noch so großer Ähnlichkeit unterscheide. (Eigene Erläuterungen zu seinem Gedicht «Urworte, orphisch» in Schriften zur Literatur 1820.) Solchen Gesetzen untersuchend auf den Grund zu gehen, hat stets Goethes Zustimmung gefunden. Und so seien weitere Betrachtungen zu den kosmopsychischen Gegebenheiten bei Goethe und Rilke erlaubt!
In Goethes Geburtsbild ist nicht nur die erwähnte charakteristische Betonung des Medium coeli gegeben, sondern gleichzeitig zeigt die Konstellation einen MOND und einen JUPITER in «Himmelstiefe». SONNE und MOND wirken also quasi in ihrer eigensten Sphäre: die SONNE als Regent in der Welt der Klarheit, der Helle, des Bewußtseins, der Distanz – der MOND als das empfangende und gebärende Prinzip im Reich der Tiefe, des Unbewußten, des Irrationalen, der Partizipation.
Beide stehen zueinander im Aspekt der Opposition, das heißt in der nie abreißenden Gegenüberbeziehung. Eine derartige Opposition an der tragenden Achse des Geburtsbildes verlangt vom Menschen zu ihrer Bewältigung einen großen Spannungsbogen!

Während die Sonne im M.C. durch ihre Bindung an das Medium «Jungfrau» ihrer Tendenz folgt, Bewußtwerdung und Lebensmeisterung bis ins kleinste zu leisten, spielt der empfängliche MOND in den «FISCHEN» als unerschöpfbarer Quellgrund immer neue Lebensthemen dem meisternden «Oben» zu.

Unter der Bewegungstendenz der «Fische», die auf grenzenlose Weltoffenheit eingestellt sind, vermag die MOND-Funktion ihre Einbildungskraft und Aufnahmefähigkeit grenzenlos zu betätigen.

In Himmelstiefe waltet nun aber auch noch der produktive, integrierende, auf Wachstum gerichtete JUPITER. Er wirkt ordnend in den «unteren» Welten des tragenden Grundes und betreut von hier aus die Lebensentwicklung. Dieser JUPITER hält im Gegenspiel (Oppositionsaspekt) dauernden Kontakt zur VENUS im 10. Feld, ihr Gefühls- und Liebeswesen an seine entfaltenden und gestaltenden Kräfte bindend. Eine stete Beziehung ist auch zwischen JUPITER und dem Schwingungsbereich des NEPTUN gegeben (Trigon-Aspekt).

Im Zusammenspiel dieser Komponenten ist dem Vermögen der Lebensgestaltung große Weite und umfassender Raum gegeben.

JUPITERS Wirksamkeit spielt sich über das Medium «Fische» aus, wodurch er das seinem Wesen zugehörige Lebensvertrauen unbegrenzt, und eben vom Grunde her, zu entwickeln vermag. Stets fühlte Goethe ein organisches Getragenwerden, das ohne sein Zutun waltete. Bereits die Freunde seiner Jugend stellten fest, er wirke, wie von unten nach oben gewachsen: wie ein Baum.

In diesem «Oben»-«Unten»-Verhältnis besaß aber die zentrale

Kräftegruppe der «Himmelsmitte» die Führung. Ihr ist zwar der Schlüssel in das Reich der Mütter gegeben; ihre Heimat aber ist dort nicht. Sie schöpft zwar aus dem Quellgrund, aber hebt das dort Empfangene stets ins distanzierend meisternde Bewußtsein empor. Daß Goethe es vermochte, seine Gefühle sehr rasch zu distanzieren beziehungsweise Persönliches sofort dichterisch herauszustellen, war den Romantikern unverständlich.

Für Rilke lautet der Lebensauftrag ganz anders! Rilkes seelisch-geistige Einstellung sucht stets die unmittelbare Nähe der Tiefenschichten des Lebens, um das so schwer zu fassende Leben der Hintergründe, das empfundene und erlittene, aber unaussagbare Leben wirklich erfühlen, wirklich begreifen zu können. Für dieses Leben sucht er nach einem Erkennen und einer Sprache: Noch sind nicht die Leiden von innen her erkannt, noch ist die Liebe vom Menschen nicht gelernt worden.

Sein Geburtsbild zeigt keinen zwischen «oben» und «unten» ausgespannten Bogen. Keine der psychischen Funktionen arbeitet über die distanzierenden Felder der «Himmelsmitte». Außer URANUS und NEPTUN befinden sich alle planetaren Spieler der Geburtskonstellation im unterhorizontigen Teil des Geburtsbildes. Diese Strukturgegebenheit charakterisiert die schaffenden Vollzüge bei Rilke. Seine bedeutenden Schöpfungen entstehen wie unter Diktat. Sie nehmen von ihm Besitz. Er fühlt sich ihnen gegenüber als Empfangender. Er stellt sich gleichsam zur Verfügung, damit die Dunkelwelten, die Innenwelten sich durch ihn aussagen können. «Ein für alle Male ist's Orpheus, wenn Es singt» (Die Sonette an Orpheus). Des Orpheus Lieder sind anderer Art als die Lieder Apolls.

«An der Kreuzung zweier Herzwege steht kein Tempel für Apoll.» Und im Weltinnenraum gibt es viele Kreuzungen von Herzwegen.

Rilkes große Abhängigkeit von den Mächten der Tiefe bekundete sich in seinem Leben darin, daß, als diese Tiefe verschüttet schwieg, er selbst ebenfalls als Schaffender schweigen mußte. Als Wollender sich durchzusetzen, fiel ihm immer schwer. Und dies wird bei einem SONNEN-Stand im 4. Feld wohl auch beim Menschen im allgemeinen der Fall sein.

Während beim Introvertierten dieser SONNEN-Stand dazu führen kann, daß das Innenleben eine besondere Betonung erfährt, wird der Extravertierte, wie es ja auch bei der Übersetzung der Tendenzen «Krebs» zu beobachten ist, seinem Leben in greifbarer Weise Grund und ihn bergenden Rahmen zu schaffen suchen.

Wie sich bei dem Introvertierten Rilke eine minderwertige extravertierte Übersetzung der Strebung des 4. Feldes kundgetan hat, mag der Tick des jungen Rilke verdeutlichen, sein Leben à tout prix verankert zu sehen in einem adligen Stammbaum: eine dem Wunschgedanken seiner Mutter entsprungene Idee, die er Jahre hindurch festhielt.

Die Absicht, ein festes Zuhause zu besitzen, hat er indes ernstlich nie verfolgt. Sein 4. Feld ist gebunden an die Tendenzen des Tierkreis-Potentials «Schütze». Und die «Schütze»-Tendenzen, von der SONNE vitalisiert, machten ihn zum Wanderer durch viele Gegenden Europas. Sein «Zuhause» war dort, wo jene freie und menschliche Atmosphäre des «Schützen» gelebt werden konnte.

Das sprachschöpferische Ringen des Rilkeschen Schaffens betreute ein JUPITER im «Skorpion» im 3. Feld. Er bewirkte auch die verinnerlichte und engagierte Bezogenheit zu den Dingen und Personen seiner Umwelt. Und einem JUPITER und MERKUR im 3. Feld entsprach auch das große und lebenslange Bedürfnis Rilkes, seine gewonnenen Erkenntnisse Briefpartnern mitzuteilen. Ein riesiges Opus an Briefen legt davon Zeugnis ab.

Um einen weiteren Einblick in das Kräftespiel des psychischen Systems «Felder» zu gewinnen, müssen wir auch die bedeutsame 2. Achse des Geburtsbildes, die vom Aszendenten zum Deszendenten führt, in die Betrachtung unserer Beispiele hineinnehmen. Eine astrologische Erfahrung besagt, daß sich in der Wesensart eines Menschen die Dynamik des Aszendenten in stärkerem Maße ausdrückt als die Dynamik des Sonnenstandszeichens. Dieser Erfahrung ist zuzustimmen. Faßt doch das im kosmopsychischen Strukturbild an den Aszendenten anschließende 1. Feld die instinktive Lebensbewegung des Sich-Verhaltens zur Welt hin, ein Verhalten, das im Tagesleben nie zur Ruhe kommt und zum Wesensausdruck wird.

Im Geburtsbild Rilkes findet sich als Aszendent das Medium «Jungfrau». Die Bewegungstendenz der «Jungfrau» bestimmte Rilkes gegenwartsbezogenes Herantreten an Welt und Menschen. Dies besagt, daß zögernde, reservierte Elemente in das persönliche Erscheinungsbild einfließen. Es charakterisiert die «Jungfrau»-Weise, daß erst ein kleiner Schritt zurück gemacht wird, ehe eine Aktivität erfolgt. Aber eine Hilfsbereitschaft vermag alsbald zu erscheinen, wenn im Kontakt eine solche angefordert wird.

Goethes Aszendent ist der «Skorpion». Es wurde bei der Beschreibung dieses seelischen Potentials darauf hingewiesen, daß hier eine stete Geladenheit von innen her gegeben ist, stammend aus gegensätzlichen Strebungen, die Goethe schilderte, als er von den zwei Seelen in der Brust Fausts sprach. Bei Goethe gelangte der Skorpionklang zu einem von der Kraft der Persönlichkeit her bestimmten, mächtigen Ausdruck. Auf Erlebnisse reagierte Goethe von früh an leidenschaftlich. Und die Dynamik eines Nicht-zur-Ruhe-Kommens, eines Immer-weiter-Wollens wirkte bei ihm bis ins hohe Alter hinein. Die Gefährten seiner Jugendjahre bezeugen, er sei zeitweise von großer Heftigkeit und Unbeherrschtheit, aber er gewinne immer wieder Gewalt über sich: Hier wirkten sich die bändigenden Kräfte des Medium coeli aus.

Zuerst noch nicht so bestimmend, aber in weiterer Entwicklung immer nachdrücklicher, gelingt es Goethe, in die Erregbarkeit seiner Natur die meisternden Tendenzen, das heißt Mäßigung (VENUS) und Bewußtheit (SONNE/«Jungfrau» im 10. Feld) einzuschalten. Mit der Emotionalität des «Skorpion» hatte vor allem die ausgleichende VENUS-Funktion im 10. Feld ein reiches Maß an Arbeit. Denn im ganzen gesehen, hat das dynamische Kräftespiel des «Skorpion» nie aufgehört, den steuernden Instanzen des M.C. gewaltige Ergriffenheiten zuzuspielen.

Am Aszendenten steht bei Goethe der SATURN, der den bereits vorhandenen starken Akzenten der Persönlichkeit einen weiteren und machtvollen hinzufügt. Goethes Geburt erfolgte seinen eigenen Angaben nach mittags um 12 Uhr, aber erst, wie er notiert, nachdem «die Planetenstunde des Mondes», der sich «seiner Geburt widersetzt» habe, vorübergegangen war. Nach dieser Angabe ist die Geburtszeit kurz nach 12 Uhr Ortszeit anzusetzen. SATURN hat dann genau auf dem Aszendenten seine Position. Der Umstand, daß mehrere sehr konturierte

Persönlichkeiten in ihrem Geburtsbild am Aszendenten den SATURN zeigen, läßt vermuten, daß das Vermögen der SATURN-Funktion, verdichtend und konzentrierend zu wirken, das Auskristallisieren der Persönlichkeit in hohem Maß fördern kann. Bei einem SATURN am Aszendenten strebt das «Ich» in seiner personalen Erscheinung nach Form und Gestalt. Diese Position ist bei solch umrissenen Persönlichkeiten wie Stefan George, Adenauer, C.G. Jung zu finden. Bei einer SATURN-Position im 1. Feld kann angenommen werden, daß der Kristallisierungsprozeß mit zunehmendem Alter immer prägender geschieht.

Bei Goethe spielt nun dieser SATURN, dessen Manifestationsweise ja auch Bremsung ist, im psychischen Medium «Skorpion». Die starke «Skorpion»-Dynamik zu bremsen, ist SATURN hier aber nur bedingt in der Lage – einmal, weil diese Dynamik dem saturnischen Wesen ein Stück Festgelegtheit nimmt, und dann weil durch das Ausgespanntsein der Lebenskräfte zwischen den zwei Polen «Höhe» und «Tiefe» die zwei Seelen des «Skorpions» vollends legitimiert werden, SATURN sich also gar nicht einseitig festfahren kann. Freilich gewinnt mit zunehmender Souveränität der Persönlichkeit die Gruppe der psychischen Funktionen im Medium coeli immer mehr Einfluß auf die Unruhe der «Skorpion»-geladenen Lebens- und Erlebnisintensitäten. Aber selbst aus seinen späteren botanischen Studien vermag Goethe diese Intensitäten nicht herauszuhalten: «Das Pflanzenreich rast einmal wieder in meinem Gemüte, ich kann es nicht einen Augenblick loswerden...» (an Frau v. Stein, Sommer 1786).

SATURN im ichbezogenen 1. Feld birgt aber bei Goethe noch einen sehr reizvollen Klang für den Betrachter: Das saturnische Prinzip als jener Geist, der stets verneint, kann im Zwei-Seelen-Kampf der «Skorpion»-Seele die eine zur seelisch-geistigen Entwicklung drängende Seele zu blockieren suchen und als Vertreter des materiellen Prinzips die Rolle der anderen, sinnlich-materiellen Seelenseite übernehmen. Auf solcher Grundlage kann er dann auch seine kalten, gewaltsamen Möglichkeiten ausspielen.

Sofern nun Goethe offenbar auch diesen abgründigen saturnischen Ausdruck in sich erfahren hatte, war er imstande, den Ausspruch zu wagen: es gäbe kein Verbrechen, dessen er sich nicht fähig gefühlt hätte. Von diesem skorpionisch getönten SATURN-Klang her vermochte er die Gestaltung des Mephisto dichterisch zu vollziehen. Andererseits könnte man das saturnische Einwirken auf die zweite Seele verstehen als das nie nachlassende, «immer strebende Bemühen», das Goethe dieser zweiten Seele zugesteht; denn SATURN vermag auch Kontinuität zu gewähren. Wer die Dynamik der «Skorpion»-Weise sowie die Möglichkeit des SATURN-Potentials kennt, wird solche Assoziationen nicht mehr als abwegig empfinden: Assoziationen, die freilich das Wissen um die Person des Geburtsbildträgers voraussetzen.

Zur Betonung des 1. Feldes wären aus der großen Zahl möglicher Akzentuierungen noch folgende zu nennen: Bei einer SONNE am Aszendenten wird der Träger der Nativität sehr selbstverständlich und primär von sich ausgehen, was kein negativ wirkender Zug zu sein braucht. Hier kommt alles auf menschliche Reife und Substanz an, die Anmaßung ausschließen. Dasselbe kann im allgemeinen auch vom SATURN im 1. Feld gesagt werden, der nicht nur dieses selbstverständliche Von-sich-Ausgehen zu betonen weiß, sondern auch noch dazu neigen kann, sich mit allen Schattenseiten der Person naiv der Umwelt vorzusetzen.

Bei den Trägern eines MONDES im 1. Feld ist zu beobachten, daß sie, ihrem täglichen gelebten Leben gegenüber, sehr schwer in Distanz gehen können. Sie leben aus der jeweiligen Gegenwart heraus.

Ein JUPITER im 1. Feld ergreift Entwicklungschancen rasch. Durch den impulsiv anspringenden Modus des 1. Feldes treibt er diese unter Umständen zu rasch vorwärts, einem organischen Wachsen zu wenig Zeit lassend.

Im Zusammenhang mit unseren Beispielen muß nun noch das 7. Feld, das sich an den Deszendenten anschließt und den Gegenpol des 1. Feldes bildet, gesondert betrachtet werden. Dieses 7. Feld ist weder bei Goethe noch bei Rilke durch eine der kosmopsychischen Funktionen «besetzt». Das 7. Feld versinnbildlicht das Eingestelltsein auf den anderen in der gelebten Gegenwart. Dieser andere ist nicht eine Beziehungsperson, der man sich mitteilt oder mit der man umgeht, sondern ein lebendes Vis-à-vis, das seinerseits agiert. Hier ist die Einstellung einer persönlichen Kommunikation mit dem Du aus einer gegenschwingenden Haltung heraus zu leisten. Diese Einstellung als eine in der Struktur verankerten Grundhaltung erfährt weder bei Goethe noch bei Rilke eine Betonung. Die traditionelle Astrologie nennt das 7. Feld «Haus der Ehe», und von einer Ehe im Sinne einer gegenschwingenden Ich-Du-Beziehung kann im Falle beider wohl nicht gesprochen werden. (Hier ist von keinen konkreten Tatbeständen, sondern von kosmopsychischer Energetik die Rede.)

Die Mitteilungsbereitschaft, die beide Persönlichkeiten in hohem Maße besaßen, gehört in diesem Sinne nicht in den Ausdrucksbereich des 7. Feldes. Sie sagten *sich* aus und lebten nicht auf die Erfassung der Eigenart des anderen hin.

Eine Betonung des 7. Feldes beziehungsweise des Bereichs des Deszendenten besitzt dagegen das Geburtsbild von Sigmund Freud. Wenn die Angabe seiner Geburtszeit bei Thomas Ring («ca. 8 Uhr abends») stimmt, dann zeigt dieses Geburtsbild um den Deszendenten gruppiert vier Aktivitätskomponenten: SONNE, URANUS, MERKUR und MOND. Sie alle arbeiten auf den Mitmenschen bezogen, reagierend und antwortend: Der gedanklich wache MERKUR, der, wie im ersten Kapitel erwähnt, bei Freud einen hilfreichen Trigonalaspekt vom «scharf eindringenden» MARS erhält (seinerseits souverän im M.C. wirksam), ist benachbart dem schöpferischen, im «Jetzt und Hier» wirkenden URANUS. Dieser ist in diesem Jetzt und Hier in der analytischen Situation mit dauernd wechselnden Bezugspersonen recht eigentlich an seinem Platze. Dazu gesellt sich im 7. Feld noch die MOND-Funktion, die den persönlichen Alltag in den Bereich immer wieder zu vollziehender Wahrnehmung rückt. Dieser MOND ist aber auch Symbol des Unbewußt-Psychischen. Auch in dieser Funktion erscheint er hier als Partner.

Die SONNE besitzt ihre Position kurz unterhalb des Deszendenten, noch im Bereich des materialbearbeitenden 6. Feldes. Hier vermag sie Eigenstes in Distanz zu halten, dieses nicht in das Direktspiel des 7. Feldes hineingebend.

SONNE, URANUS und MERKUR erfahren ein Gerichtetwerden durch ihr Medium «Stier», das dem Bereich der Triebnatur besonders verbunden ist, und zu dessen Wesen beharrliches Eindringen in etwas gehört.

Es seien noch einige Erfahrungen erwähnt, die mit bestimmten Funktionen im 7. Feld zu machen sind: Einer SATURN-Funktion in diesem Feld kann es an der nötigen Antworte-Bereitschaft fehlen, an der notwendigen Elastizität des Reagierens auf den Partner, so daß letzerer nicht «ankommt». Die traditionelle Astrologie bringt mit dieser Position Eheschwierigkeiten zusammen. Eine der Ursachen hierfür kann das eingeengte, begrenzte Reagieren des Trägers eines solchen SATURNS sein. Auch kann mangels Verständnis für das Anderssein der richtige Partner verfehlt werden. Auch diese Auswirkung eines SATURN im 7. Feld ist möglich. Durch eine erhöhte Bewußtheit, die um diesen saturnischen Trend bei sich selbst weiß, kann manche Schwierigkeit abgebaut werden. Vertritt auch der Partner selbst saturnisches Potential, dann vermindern sich die Probleme, da ein Miteinander auf gleicher Linie verlaufen kann.

Bei einem JUPITER im 7. Feld bezieht man den anderen beziehungsweise die zur Umwelt gehörigen anderen ins eigene Leben weitgehend ein, denn man bedarf des dialogischen Bezugs, des Gegenschwingenkönnens zur Selbsterfahrung. Ohne genügende Kontakte kommt ein solcher Mensch schwerer zu sich selbst.

Die oben gegebenen Beispiele wurden um der leichteren Veranschaulichung willen auf die Schwerpunkte der Meridian- und Horizontachse des Geburtsbildes beschränkt. Das Herausgreifen dieser Achse besagt aber nicht, daß ausgeprägte Persönlichkeiten in ihrer Nativität stets eine solche Achsenbetonung aufweisen würden.

So liegt im Geburtsbild Teilhard de Chardins die fast ausschließende Betonung auf dem 11. und dem 12. Feld. Und der Strebungsgehalt gerade dieser Felder setzt einmalige Akzente in Teilhards Persönlichkeitsbild: Das 11. Feld gibt seine Impulse in Richtung auf die Zukunft, auf die Möglichkeiten, auf Entwicklungen (Evolution). In diesem Feld wirken MARS und MERKUR, während die in einer «großen Konjunktion» sich befindlichen Potentiale SATURN und JUPITER teilhaben am 11. wie am 12. Feld[70]. SONNE, VENUS und NEPTUN wirken über das 12. Feld, das Feld der Hingabe des Ichs. Man meditiere über das Kräftespiel eines solchen Miteinander und man wird Klangwerte finden, die mit Teilhards Sinngebung des Lebens in sehr charakteristischer Weise korrespondieren. Er selbst übersetzte die hier im Spiel stehenden Strebungen, die er in sich vorfand, in die Worte, er strebe danach, sich zu entfalten und sich zu opfern.

Nun spielt im Geburtsbild auch noch das dem Erdwesen nahestehende Element «Stier» eine betonte Rolle: Sowohl SONNE, JUPITER und SATURN wie auch VENUS und NEPTUN empfangen ihre Weise vom Medium «Stier», das dem Naturgeschehen eng verbunden ist. «Stier» und 12. Feld ergeben zusammen aber eine sehr merkwürdige Überschneidung erdhafter und sich aufgebender Lebenstendenzen. Dem 12. Feld entspricht die Hingabe an Überpersönliches, an das Universale. Wie das Medium «Fische» erlaubt es das Anklingen des Motivs einer vergeistigten unio mystica. Die erdhaften Wachstumstendenzen des «Stier» wollen hier aber mitgenommen werden, und so wird von Teilhard auch noch die Erde, auch noch die stoffliche Materie in diese unio einbezogen. Dieses Miteinander – von der Konstellation in die Seele Teilhards eingewoben – ist nicht leicht verstanden worden.

Die Beispiele zum Thema «Felder» abschließend, sei hier nochmals erinnert, daß die Aufgabe der vorliegenden Arbeit in erster Linie eine orientierende ist: Sie soll einer möglichst sachgerechten Beschreibung der kosmopsychischen Strukturelemente dienen, um dem Psychotherapeuten und auch dem Psychologen, sofern dieser auf die Anwendung präziser Begriffe und methodischer Gedankenführung um des Phänomens willen zu verzichten weiß, ein Heranziehen der Geburtskonstellation zum Zwecke eigner Vergleichsarbeit zu ermöglichen. So wurde auch in den obigen Nativitätsinterpretationen der Akzent auf allgemein bekannte Züge einer Persönlichkeit gelegt, deren innere Ausrichtung mit der gegebenen Konstellation verglichen werden kann.

Eine Beispielhäufung mit dem Ziel, eine möglichst breite Skala von Möglichkeiten aufzuzeigen, hätte die Aufgabe verfehlt und wäre vom Grunde her sinnlos, da der psychologisch mit dem Geburtsbild Arbeitende stets einem einmalig strukturierten Grundmuster unbewußt-psychischer Energetik gegenübersteht. Dieses in seiner Spielart zu erfassen, setzt den lebendigen Träger der Nativität als dialogischen Partner voraus, ferner die Einsicht in seine familiäre Situation und soziale Umwelt und schließlich Kenntnis des Status seiner Entwicklung. Der Mensch trägt ja seine kosmopsychische Struktur beziehungsweise deren Spannungen, Intensitäten, Bereitschaften und Grundeinstellungen durch sein ganzes Leben als Bestandteil seiner selbst. Sie kommt zu Wort in allen Lebensaltern, allen Lebenssituationen, in allen entscheidenden Konflikten. Sie unterspielt den Inhalt aller Lebensproblematik. Und immer werden sich andere Erscheinungsbilder ergeben, deren Wurzeln dennoch die gleichen sind. Der Psychologe seinerseits bedarf des durch Eigenerfahrung gestützten Wissens, daß von den astrologischen Symbolen nur deren psychoenergetischer Anteil in die Lesung der Nativität eingebracht werden kann. Er muss es verstehen, die andrängende reiche Bilderwelt der astrologischen Tradition in jener produktiven Distanz zu halten, in der die Symbole die ihnen innewohnenden dynamisch-energetischen Komponenten zwar sichtbar werden lassen, ohne ihre Fähigkeit bildhafter Veranschaulichung zu verlieren.

Im ganzen wäre zu hoffen, dass die im Verlauf der Darlegungen zu Konstellationen gebotenen Beispiele die Einsicht wecken und festigen konnten, dass die kosmische Konstellation der Geburtszeit unabweisbar etwas mit der Einmaligkeit des Menschen zu tun hat. Beide sind in der Dimension einer rhythmisch-dynamischen Wirklichkeit verbunden.

Die in dargestellter Weise gelesene Geburtskonstellation belegt die tiefenpsychologisch bekannte, aber im allgemeinen Bewusstsein noch ungenügend verankerte Erfahrung einer «persönlichen psychologischen Gleichung» des Menschen (Bezeichnung von C.G.Jung)[71]. Diese besagt die subjektive Bedingtheit allen Fühlens, Denkens und Handelns infolge von vorgegebenen, diesem Subjekt eigenen strukturellen Gegebenheiten seiner Psyche. Uns werden diese Gegebenheiten über das kosmopsychische Bezugsbild vermittelt und fassbar. Die «persönliche Gleichung» erhellt sich durch die Nativität.

In unserer entpersönlichten, kollektivierten und mechanisierten Lebenswelt ist die Erfahrung, dass der Mensch «von Natur» mit einmalig strukturierter Psyche in dieses Leben hineingestellt ist (viel einmaliger noch, als erbbiologische Ergebnisse dies feststellen können), von nicht abzusehender Bedeutung. Die These von der allgemeinen Gleichheit der seelischen Veranlagung stimmt also auch vom Phänomen Konstellation her nicht. Triebpsychologische und politologische Lehren, die von einer angeborenen Gleichheit aller Menschen von Geburt an ausgehen, verstoßen angesichts des verifizierbaren Zusammenhangs zwischen einmaliger Geburtskonstellation und dem einmalig konstellierten Strebungsgefüge des betreffenden Menschen gegen ein tragendes Grundgesetz menschlichen Lebens.

Freilich kann alles von Natur Gegebene vom Menschen verfremdet werden. Ein allzu künstlicher Überbau von Verhaltensnormen oder Gesellschaftszwängen kann hier Naturgegebenes überlagern oder zeitweise oder partiell blockieren. Alle Erfahrungen mit den heutigen Verkünstelungen von Naturvorgängen sprechen dafür. Der programmierte, manipulierte Mensch hat in seinem Denken, Fühlen und Handeln den Kontakt zu seinen Naturgegebenheiten verloren. Es wird Untersuchungen vorbehalten bleiben müssen, in welchem Maße sich bei einem von seiner Grundnatur abgeriegelten Menschen die ihm eingeborene kosmopsychische Struktur noch Geltung zu schaffen vermag, beziehungsweise welchen Ausdruck sie findet.

Vom tiefenpsychologischen Umgang mit der Geburtskonstellation

Der das Strukturbild der Nativität für sich oder eine andere Person erarbeitende Tiefenpsychologe wird, bei dem ihm ja vertrauten Umgang mit unbewußten Steuerungen der Psyche, sehr bald zu einer zunehmend sich erweiternden Erfahrung kommen können. Denn das kosmopsychische Phänomen liegt am Tage, *sobald man es in einer ihm angemessenen Weise anvisiert.* Die hierbei zu gewinnenden Aufschlüsse über die psychodynamische Struktur des Nativitätsträgers erlauben dem Psychologen ein so ausgeweitetes Verstehenkönnen dieser Persönlichkeit, daß er die Möglichkeit solchen Aufschlusses nicht mehr aus der Hand gibt, wenn er sie einmal erfahren hat.

Er wird zum Verständnis des dynamischen Grundmusters eines anderen Menschen mit Gewinn auch jene Erfahrungen heranziehen können, die er mit Komponenten der eigenen Nativität machen konnte. Es bedeutet eine große Hilfe, die unanschaulichen Dynamismen der eignen Natur in ihrer Durchsetzungskraft bei sich selber erfahren zu haben und vor allem erlebt zu haben, daß man mit diesen Instanzen «ins Gespräch gehen» kann, da sie nach der Gestaltung hin offen sind. Auf die große Bedeutung, die eine solche Eigenerfahrung mit der Nativität für den Analytiker haben kann, weist der Münchner Psychoanalytiker Fritz Riemann hin. Ihm erscheint bedenklicher als die gefürchtete emotionale Gegenübertragung in der Analyse, «wenn wir einen Patienten nicht verstehen, wenn wir uns in seine Erlebnisweise ... nicht oder nicht ausreichend einfühlen, sein In-der-Welt-Sein nicht nachvollziehen können. Dann sind wir in Gefahr, ihn nach unserer eignen Erlebnisweise oder nach einem theoretischen Schema zu beurteilen...»[72]

Ohne Einblick in das Konstellationsbild wird dem praktischen Psychologen, trotz ihm möglicher fachlicher Feststellungen, doch vieles am Wesensgefüge des von ihm zu erfassenden Menschen rätselhaft bleiben – so der Grund für die kaum abänderbaren Intensitätseinsätze oder Schwächen gewisser psychischer Funktionen, oder das besondere Ausgerichtetsein seines Denkens, Fühlens und Handelns, sofern dieses von der «primären Natur» (Riemann)[73] des Menschen bestimmt wird.

Das zutiefst unbewußte psychodynamische Eigenmuster eines Menschen, welches die Geburtskonstellation uns zu spiegeln vermag, unterscheidet sich übrigens von Persönlichkeitsmustern, wie sie aufgrund typologischer Zuordnungen oder testpsychologischer Ergebnisse gefunden werden, durch seine nicht austauschbare Einmaligkeit, die sich als ein konstelliertes Ganzes darbietet.

Gewiß kann der Psychologe darauf hinweisen, daß in diesem psychodynamisch gelesenen Eigenmuster doch auch typologisch bekannte Musterelemente zu finden sind. Das sind sie wohl – quasi als Bauelemente. Aber mit dem Erfassen gewisser psychischer Bauelemente, die, wenn kombiniert, Persönlichkeitsmuster ergeben, hat man dennoch nur Teile in der Hand. Der Mensch in der Vielfalt seiner Möglichkeiten ist durch das mit typologischen Mitteln gewonnene Muster nur bedingt ausgedrückt. Es bleibt stets ein beträchtlicher, der lebendigen

Eigenart nicht gerecht werdender Rest. Und damit besteht eine Verständnisminderung dem So-Sein des einzelnen Menschen gegenüber.

Das kosmopsychische Eigenmuster ist der Gesamtheit und der Polyphonie einer einmaligen kosmischen Konstellation verbunden. Es ist als sogenanntes Grundmuster jedoch kein starres Schema, zu welcher Vorstellung das übliche Horoskopschema mit seinen Aspekte-Einzeichnungen den Unkundigen verleiten könnte. Wie oft ist zu hören: «Ich habe in meinem Horoskop diese oder jene Opposition, dieses oder jenes Quadrat!» – eine Aussage, die meist einen Ton der Angst oder Resignation erkennen läßt, so als ob mit den genannten Aspekten irgend etwas Feststehendes gegeben wäre. Welche Fülle des Lebendigen aber umschließt das Gegeneinander zweier Aktivitäten beziehungsweise deren Widerstreit, welcher Spannungen konstelliert, die zu bewältigen sind oder die Bewußtseinserweiterung herausfordern. Soll und kann nicht all dies letztlich fruchtbar werden?

Ein Sich-Einarbeiten in das kosmopsychische Strukturbild ist so schwer nicht. Dem Psychologen, der erste Erfahrungen mit dem energetisch-dynamischen Charakter der Nativität sammeln will, kann geraten werden, zuerst einmal anhand eines Ephemeridenwerkes Konstellationsbilder ihm genügend bekannter Personen auf Karteiblättern anzulegen[74], und zwar nur Tageskonstellationen, ohne Berücksichtigung der Geburtsstunde, die meist ungenau und oft unbekannt ist. Ihre Einbeziehung bedarf eines größeren Arbeitseinsatzes, während ein Aufzeichnen der Tageskonstellation in (käufliche) Tierkreisformulare nur wenige Minuten beansprucht.

Allein an der Tageskonstellation erfaßt der Psychologe – was ja viele Beispiele belegen konnten – relevante Aspekte der Planeten und damit die Spielweise der (von den Planeten symbolisierten) psychischen Grundfunktionen: eine Weise, die nicht nur durch die jeweiligen Aspekte bestimmt wird, sondern auch durch die Bewegungstendenzen der beteiligten Sonnenbahnabschnitte. Häufig genug wird man überrascht sein, was sich an charakteristischer Psychodynamik eines Menschen allein aus dem Bild seiner Tageskonstellation fassen läßt. Die Aspekte des MONDES müssen dabei freilich außer acht gelassen werden, da dieser nur mit seiner Mitternachts- oder Mittagsposition aus der Ephemeride zu ersehen ist. In seiner Tagesbewegung kann er aber bis 15 Grad zurücklegen. Bei Stundenangabe der Geburt ist seine Position leicht zu errechnen.

Selbstverständlich fordert ein differenzierteres Eindringen in die Nativität die Einbeziehung der (möglichst) genauen Geburtszeit, wodurch dann weitere urmusterhafte Elemente («Felder»-Phänomen) in den Sichtkreis des Bearbeiters treten. Daß mit zunehmendem Eindringen in das Material das Problem der Reichweite des kosmopsychischen Bezugs sich immer mehr ausweitet und manche unerwarteten Perspektiven sichtbar werden, ist beim Ganzheitscharakter dieses hintergründigen Phänomens nicht anders zu erwarten.

Im allgemeinen kann gesagt werden, daß der Tiefenpsychologe der Nativität gegenüber ja vor der ihm ohnehin zugeordneten Aufgabe steht, unbewußte Steuerungen, die in das Leben des einzelnen gestaltend eingreifen, zu erkennen und an das Bewußtsein dieses Menschen anzuschließen. Diese Aufgabe ist bei dem hohen Grad an Unanschaulichkeit des zugrundeliegenden Phänomens keineswegs leicht.

Die analytische Arbeit bietet aber eine Basis.

Bereits anhand der aktuellen Problematik eines Patienten gewinnt das Spannungsbild der Konstellation Leben und erlaubt Einblicke in die psychodynamischen Korrespondenzen. Des weiteren bieten sich von seinem gelebten Leben her genügend bereits geschehene Gestaltungen an, welche die psychische Energetik des Eigenmusters deutlich durchscheinen lassen.

Der Nativitätsträger selbst ist nun aber darauf angewiesen, ein lebendiges Verhältnis zu dieser seiner psychischen Energetik zu gewinnen, und zwar indem er sie *erleben* und an seinen bisherigen Lebensvollzügen *nacherleben* lernt. Es ist ein Unding (aber in astrologischen Kreisen üblich), einem Fragenden oder Ratsuchenden seine Geburtskonstellation in einem oder einigen Gesprächen «erklären» zu wollen! Einmal ist ein solches Vorgehen psychologisch nicht zu verantworten. Es ist stets ein Eingriff in fremdes Innenleben, dessen Folgen nicht zu übersehen sind. Zum anderen nützt es dem Menschen wenig, seine Konstellation zu *wissen,* da konfliktbewirkende Verhaltensweisen, die der Mensch aus seinem Grundmuster entwickelt hat, durch Wissen nicht ansprechbar sind. Der Mensch bleibt dabei ohne Kontakt zu seinem seelischen Grund und ist nun wirklich einem Aberglauben ausgeliefert: dem Glauben an die nicht zu ändernden Konstellationen.

Ein Erleben der kosmopsychischen Eigenstruktur setzt freilich die Fähigkeit voraus, sich selber sehen zu können, und weiterhin die Bereitschaft, innere Arbeit auf die Erfassung unbewußter Steuerungen verwenden zu wollen.

Im Grunde «weiß» ein über sich nachdenkender Mensch, unter welchen Bedingungen seine aktiven Einsätze am willigsten geschehen oder in welchen Lebensbereichen ihm Aktivitäten schwerfallen. Er weiß, in welcher Umgebung er sein Bestes geben kann, welche Situationen ihn zu Aggressionen herausfordern, ihn lähmen oder seine Lebenskräfte steigern. Er kann einen großen Teil seiner extraversiven Neigungen selber benennen. An solchen Eigenerfahrungen können dann die entsprechenden Konstellationsgegebenheiten als der eignen inneren Struktur zugehörig verstanden werden.

Unser Eigenmuster ist ja nicht mit den Sinnen erfaßbar; es ist auch nur bedingt an (vielleicht aus Kompensation entstandenen) Charaktereigenschaften ablesbar, obschon diese von ihren psychischen Dynamismen her Anhaltspunkte darstellen können. Das Eigenmuster ist, als dem tiefsten Unbewußten zugehörig, schwerer ins Bewußtsein zu heben als etwas Verdrängtes. Eines Helfers, eines Psychopompos, bedarf es wohl immer bei dem Versuch, eine bewußte Beziehung zu diesem archetypisch verwurzelten Grundmuster herzustellen. Und so kann ein Arbeiten mit der Nativität nur im geistigen Raum tiefenpsychologischer Verantwortung legitim sein.

Es darf hier nicht verschwiegen werden, daß bei extremen Spannungen und Dissonanzen sowie beim Überwiegen kaum vereinbarer gegensätzlicher Tendenzen und festgefahrener Lebensumstände auch das Unausweichliche einer kosmischen Bedingtheit in all seiner Schwere ins Spiel kommen kann und daß dann mögliche Hilfen über ein tiefenpsychologisches Bemühen hinausgehen müssen.

Leider, so muß man sagen, ist astrologische Berechnungskunde imstande, durch Inbezugsetzung der Geburtskonstellation zu laufenden und kommenden Konstellationen (Direktionsverfahren) gleichsam «Wetterlagen» zu bestimmen und ihre mit dem Akzent einer Voraussagung belasteten Konstellationsberechnungen in mißverstandenem Helfenwollen dem Geburtsbildinhaber mitzuteilen. Hier unterliegt ein breites, der Astrologie zugewandtes Publikum unmeßbaren Suggestivwirkungen. Zu diesem Thema ist die aufgebrachte Äußerung Johannes Keplers gegenüber seinem Zeitgenossen, dem Theologen und Liebhaber-Astronomen Fabricius, der Kepler seine Angst vor einer zu erwartenden Konstellation mitgeteilt hatte, noch heute am Platz: «O, du Elender und Unglücklicher, der du dich trotz all meiner Instruktionen noch immer nicht von der Direktionsfurcht losmachen kannst, und daß du es nicht für nötig hältst, zu beten, sie möge lieber nicht deiner Seele schaden.»[75]

Hier besteht eine große Gefahr der heute so verbreiteten Horoskopauslegung durch Astrologen. Es wird auf den Außenfaktor Konstellation bezogen, was auf die innerseelische Energetik und auf die Bewirtschaftung des Seelenhaushaltes bezogen gehört. Man könnte viel eher sagen: bei jeder erarbeiteten Neueinstellung zum Leben, nach jeder vollzogenen Reife klinkt «Konstellation» anders ein.

Erst ein sachgerechtes Umgehen mit dem Kosmo-Psyche-Phänomen könnte hier Wandel schaffen. Verbote solcher Praktiken waren durch alle Zeiten hindurch wirkungslos. Die Ausdeutung einer Nativität gehört nun einmal nicht in die Hand noch so bemühter «Helfer», die die erforderliche tiefenpsychologische Einsicht wie die daraus entspringende verantwortliche Haltung aus Unkenntnis der Komplexität der gegebenen Zusammenhänge nicht leisten können.

Welchen Anreiz aber könnte es für den Einzelmenschen haben, eine innere Arbeit auf sich zu nehmen, um zum Grundmuster seines So-Seins ein erkennendes Verhältnis zu gewinnen? Zumal diese Arbeit ja einmündet in eine weitere Aufforderung, als geistbestimmtes Geschöpf die naturgegebenen, unbewußten Steuerungen der Eigenstruktur wissend zu verwalten beziehungsweise sie unter Einsatz der ethischen Persönlichkeit zu gestalten und ihnen geführten Ausdruck zu geben.

Es ist gewiß nicht nötig, daß der instinktsichere oder lebensstabile Mensch sich um sein kosmopsychisches Strukturbild kümmert. Er lebt es ja – ist mit ihm identisch.

Aber der heutige, von seinen Naturgegebenheiten oft weit abgetriebene Mensch hat allzu häufig ein hohes Maß an Impulsen und Eigenaktivitäten verloren, die seine Grundstruktur für ihn bereithält. Er hat sie verloren unter der Einwirkung seiner Umwelt, durch Erziehung und Schicksal, und nicht zuletzt durch sehr weit gehende Normierungseingriffe seitens der Institutionen von Gesellschaft und Staat. Wer weiß schon von sich, welche Haltungen, welche seelischen Befindlichkeiten der Anpassung an diese Faktoren entstammen? Und in welchem Maße er sich selbst dabei verloren hat? Man weiß dies erst, wenn Störungen im leib-seelischen Bereich solche Eigenverluste bewußtmachen oder kundtun. Dem Psychologen bietet sich hier als nicht hoch genug einzuschätzende Hilfe die Einsicht in die psychodynamische Grundstruktur des einzelnen an, und die Einsicht, auf welche Weise das eingeborene individuelle Muster bisher seinen Ausdruck gesucht hat.

Konnten die prävalenten Lebensfunktionen, wie sie durch SONNE, MOND, SATURN, MARS und JUPITER symbolisiert werden, ihren dem Eigenmuster entsprechenden Lebensraum gewinnen? Wurden dem Eigensten zugehörigen Strebungen, die sich etwa in musischer oder religiöser oder betont introversiver beziehungsweise extraversiver Ausrichtung hätten realisieren können, keine Entwicklungsmöglichkeiten geboten, so daß sie in minderwertigen oder neurotischen Formen ihren Ausdruck suchen mußten?

Für den hier Materialkundigen ist es keine Frage, daß zur Erfassung von seelischen Schäden, Fehlsteuerungen und gravierenden Lebensproblemen *auch das psychodynamische Grundmuster* in die Waagschale geworfen werden muß! Verursachende Kindheitserlebnisse wären dann gegebenenfalls zu relativieren im Sinne einer Auffassung, der Hans Bender [76] Ausdruck gab mit den Worten: «Die Psychoanalyse sagt, das Trauma schafft die Disposition ... Man kann aber vielleicht sogar sagen: die Disposition schafft das Trauma.»

Das Grundmuster der psychoenergetischen Einstellungen oder Bereitschaften kann man durch die Analyse nicht auflösen. Wohl aber die der inneren oder äußeren Lebenslage nicht entsprechenden Ausdrücke, für die es gemäßere, psychoenergetisch äquivalente Formen zu finden gilt. So kann eine anlagebedingte und betonte Tendenz von der Art des «Haftenden» wohl abgelöst werden von ihren infantilen und unreifen Bekundungen. Aber als starke Strebung im Rahmen des Eigenmusters ist sie nicht aufzulösen. Dem Träger ist die Aufgabe zugeteilt, ihren ihm angemessenen Sinn zu finden.

Wird die Nativität in die tiefenpsychologische Arbeit hineingenommen, so kommt ihr Wert vor allem in der Beratung von Eltern und Erziehern wie auch in der Behandlung von Jugendlichen zur Wirkung, was von nativitätserfahrenen Psychagogen (Kinderpsychotherapeuten) bestätigt werden kann.

Es gibt konstellative Fakten, unter denen ein Kind gewissen Leistungsforderungen, die Leitbildern der Erwachsenen entstammen, aus Strukturgründen nicht gerecht werden kann, wohingegen sein *primäres Gerichtetsein* Leistungen in anderen, dem Elterndenken vielleicht fremden Bereichen ermöglichen würde. Solche gemäßeren aktiven Bekundungen können ausfallen, wenn sie gehindert oder nicht angefordert werden. Oder aber die angelegte Bereitschaft sucht sich ihren Ausdruck, wo eben sie ihn findet.

In allen Fällen verdient in den Nativitäten Jugendlicher die konstellative Rolle der grenzsetzenden oder behindernden SATURN-Funktion, des triebhaften oder aggressiven MARS, des augenblickbezogenen URANUS (mit seiner Neigung, um eines Neuen willen, Feststehendes zu sprengen) und des entgrenzenden NEPTUN als Element des formlosen, schwingungshaften Erlebens erhöhte Beachtung. Es läßt sich belegen, daß suchtverfallene Jugendliche sehr häufig in ihrer Nativität ein betontes NEPTUN-Potential aufweisen. In einer Welt, die durch Bejahung des Antiautoritären und durch Gewährung jeglicher Freiheiten ausreichende stabilisierende Faktoren zum Verschwinden gebracht hat, ist der nicht strukturstabile Jugendliche seinen undifferenzierten NEPTUN-Impulsen ausgeliefert. Wie oben bei Darstellung des NEPTUN-Potentials ausgeführt, waren in früheren Zeiten die neptunischen Bereitschaften im religiösen Leben der Allgemeinheit untergebracht.

Wertvoll für Eltern und Erzieher kann es auch sein, über das Strukturbild zu erfahren, ob Anzeichen für verlangsamte Entwicklungsabläufe gegeben sind. Das Medium «Stier» oder das zweite Feld können verlangsamende Züge in das Entwicklungsgeschehen einbringen, ebenso die Einwirkung des SATURN-Potentials wie auch die Beharrungstendenz des 4. Feldes. Solches wären «natürliche» Verlangsamungen, die sich an dem Tempo unserer Zeit stoßen können. Werden einzelne Funktionen betroffen, so brauchen eben diese «ihre Zeit».

Therapeutisch wird es von Nutzen sein, über das Mittel der Nativität den Ausdrucksmodus der JUPITER- und VENUS-Funktion zu erfassen; denn diese Funktionen betreuen die Verarbeitung, Integrierung und Balance der Aktivitäten.

Da bei gravierenden Lebensbehinderungen oder -minderungen wohl stets das SATURN-Potential im Spiele steht, verdient die Rolle des JUPITER im Grundmuster (als potentiellem Gegenspieler) erhöhte Aufmerksamkeit.

Eine SATURN-MOND-Konjunktion in der Nativität eines Kindes kann für den Betreuer ein Warnzeichen sein. Der mächtige SATURN steht dann dem empfänglichen, seelisch offenen MOND allzu nahe. SATURN-MOND-Konjunktionen korrespondieren frappierend oft mit einer schweren Kindheit unter der Einwirkung exogener Faktoren [77].

Man darf die Aussage wagen, daß dieser enge SATURN-MOND-Aspekt einer erhöhten mitmenschlichen Einfühlung bedarf, zumindest in der MONDbestimmten Zeit der Kindheit. Unter günstigen Elternhaus-Bedingungen oder bei zunehmender Reife sucht sich auch diese Konstellation andere Realisationen.

Aufmerksamkeit bedürfen, gerade beim Heranwachsenden, auch die konstellativen Bedingungen des 5. Feldes.

Über dieses Feld will der Mensch den unmittelbaren Lebensausdruck. Er will sich in Erscheinung bringen. Über die Tendenzen des 5. Feldes sucht der Jugendliche zu einem erhöhten Lebensgefühl zu gelangen.

Werden Funktionen im 5. Feld von der Umwelt her daran gehindert, ihren Ausdruck zu suchen, so wird ein empfindliches Stück Lebensnerv getroffen.

Mit dem Erfassen seiner Eigenstruktur ist für jeden Menschen ein weiterer hoher Gewinn gegeben: die Erkenntnis, daß auch der andere, der Partner, der Mitmensch, ja jede Bezugsperson, mit dem das Leben uns verbindet, *im Wesensgrund ihr Eigenmuster* besitzt, das be- und geachtet werden muß! Der andere enttäuscht uns weniger, wenn wir um seine kosmopsychische Strukturbedingtheiten wissen. Wir fordern dann nicht mehr, daß er sich in den Grundfragen des Lebens nach dem Maß unserer eigenen Einstellung, unseres eigenen Denkens und Fühlens verhalten muß. Das Miteinander wird transparenter; die Verständigungsebene breiter.
Von einem künftigen erweiterten Eindringen in die Bereiche kosmopsychischer Bezüge dürften noch viele Funde zu erwarten sein. Daß so manches Thema, zu dem bereits einige Aussagen zu machen wären, in dieser Arbeit nicht herangezogen werden konnte, ergab sich aus ihrer grundlegenden Aufgabe. Auch wurde für manche Aussage eine vielleicht gültigere Form noch nicht gefunden.
Welche Schwierigkeiten sich auch noch einstellen werden, bis eine von vielen Erfahrungen gestützte Handhabung des Kosmos-Psyche-Phänomens seine volle psychologische Relevanz darzulegen vermag, so ist doch bereits heute auszusprechen, daß ein Nichtbeachten der Geburtskonstellation einem Nichtbeachten des psychodynamischen Grundmusters, also einem Nichtbeachten individuell vorgegebener psychischer Fakten gleichkommt.

Zur Wirrnis der Tierkreis-Zeitalter
Nachtrag

Wie die Darlegungen ergaben, können die Inhalte der Tierkreissymbole als Gestaltungen der Psyche aufgrund ihrer naturbedingten Verbundenheit mit der periodisch wechselnden Lichtintensität der Sonne angesehen werden – also auch die Inhalte der Tierkreiszeichen «Wassermann» und «Fische». Mit den Erfahrungen am Tierkreis-Symbol ist es nun aber auch möglich, die inzwischen weitverzweigte Lehre vom vergangenen «Fische-» und kommenden «Wassermannzeitalter» einem Entwirrungsversuch zu unterziehen.

Wie bereits erwähnt, haben zu Beginn unseres Jahrhunderts astrologisch kenntnislose Astralmythologen symbolisch irrelevante Sternfiguren der griechischen Sphäre als Meßpunkte für kulturgeschichtliche Perioden benutzt, und zwar im Zusammenhang mit dem astronomischen Vorgang der Präzession. Gegen Meßpunkte wäre nichts einzuwenden. Aber die Mythologen hielten die Sternfiguren für Symbolwerte der Astrologie – entgegen dem Wissen und der Praxis der antiken und mittelalterlichen Astrologen[78]. Es ging hierbei um folgende (auf S. 87 ff. kurz erwähnte) Fakten: Zur Zeit der antiken Himmelstopographie «deckte» sich – via Projektion – der Sonnenbahnabschnitt «Widder» mit der Sternfigur Widder. Infolge der Erdachsenbewegung (Präzession) «sah» man im Laufe der Zeit mehr und mehr die Sternfigur Fische den Hintergrund des Sonnenbahnabschnitts «Widder» (mit seinem

Frühlingspunkt 0 Grad «Widder») bilden. Dies war für die Astrologen ohne Bedeutung, denn schon bald nach Bekanntwerden des Vorgangs der Präzession stellten sich die Gelehrten unter den Astrologen um, das heißt, sie hielten sich von da ab an ihre symbolhaltigen Sonnenbahnabschnitte.

Nach Ablauf von ungefähr 25 900 Jahren hat die kreiselnde Bewegung der Erdachse ihren Kreis vollendet, und dann kann am Fixsternhimmel wieder der gleiche Stern wie vormals als Hintergrund eines bestimmten Punktes der Sonnenbahn gesehen werden – ob dies nun der Punkt der Frühlings-Tagundnachtgleiche ist oder ein Sonnenwendepunkt. Der Zeitabschnitt einer vollzogenen Erdachsen-Kreisbewegung wird ein «Platonisches Jahr» genannt.

Von dieser Erdachsenbewegung werden die Sonnenbahnzeichen «Widder», «Stier», «Wassermann», «Fische» überhaupt nicht tangiert. Diese Zeichen symbolisieren energetische Verhältnisse zwischen Sonne und Erde und sind den Vorgängen der Äquinoktien und Solstitien zugeordnet.

Ihre Symbolik wurzelt im Sonnenlauf und teilt sich nie und nirgends den willkürlich zu Figuren geformten Bildern des fernen Fixsternhimmels mit! Der gängigen Vorstellung nach sollen aber diese Fixsternfiguren «Zeitalter» bewirken, nur weil der Punkt der Frühlings-Tagundnachtgleiche sie als Sternhintergrund besitzt.

Es mag interessieren, daß der Astralmythologe Herman Wirth[79] nicht den Frühlingspunkt, sondern den Winter-Soltitialpunkt als Beziehungspunkt zum Fixsternhimmel nimmt, weil er der Ansicht ist, daß der frühe Mensch diesen Punkt für «kultisch wichtiger» gehalten habe. Er nannte also den Zeitraum 10 000 bis 8000 v. Chr. das «Stierzeitalter», während für andere Mythologen und für die Anhänger der «Zeitalter»-Lehre ein «Stierzeitalter» von 4400 bis zirka 2300 v. Chr. gegeben war.

Da die Erdachsenbewegung gegenüber dem Sternhimmel sich scheinbar rückläufig vollzieht, sollte sich an das «Stierzeitalter» zunächst ein «Widderzeitalter», sodann, ab 100 v. Chr., das christliche «Fischezeitalter» angeschlossen haben. In den zwanziger Jahren hat Hans Künkel diese Zeitalter in seinem vielgelesenen Büchlein «Das Große Jahr» märchenhaft und mit weitaus mehr Phantasie als Wissen ausgemalt.

Die Verfechter der Tierkreiszeitalter glauben, eine uralte astrologische Tradition oder esoterische Überlieferung vor sich zu haben. Den Begriff eines «Fische-» und «Wassermannzeitalters» gibt es aber erst in der Literatur unseres Jahrhunderts.

Natürlich knüpften sich auch in der Vergangenheit viele Zeitalter-Ideen an kosmische Läufe. Diese waren vor allem an die Umläufe der Großplaneten, an die sogenannten «Großen Konjunktionen» oder an die großen Trigone geknüpft.

Im 13. Jahrhundert spekulierte der Arzt Peter von Abano geschichtsastrologisch auch mit der Präzession: allerdings im Sinne der mittelalterlichen Vorstellung himmlischer Sphären. Von einem «Fischezeitalter» usw. war keine Rede.

Gewiß kann auch der Zeitraum des platonischen Jahres eine Bedeutung im rhythmischen Geschehen der Erde besitzen. Keinesfalls aber hat dieser Rhythmus Bezug zum jahreszeitlichen Licht-Dunkel-Spiel gewisser Erdzonen und ihrer in den Tierkreiszeichen symbolisierten Energetik.

Aus der Geschichte der Astrologie ist mir kein Astrologe bekannt, der Konstellationen im Zeichen «Widder» so ausgedeutet hätte, als hätten diese in den «Fischen» stattgefunden, da doch die Sternfigur der Fische in den vergangenen 2000 Jahren «hinter» dem «Widder» zu sehen war. Wenn dies schon ganze Zeitalter bewirken soll, hätte diese Wirkung auch in der Horoskopie berücksichtigt werden müssen, denn die Präzession war bekannt.

Eine genaue Vorstellung der Präzession besitzen die Zeitalter-Autoren am wenigsten. Häufig ist zu lesen, daß der Frühlingspunkt rückwärts *durch die 360 Grad* des symbolträchtigen Tierkreises laufe und jetzt in das «Wassermann»-Zeichen gelangen wird. Indes kann der Frühlingspunkt 0 Grad «Widder» niemals in das Zeichen «Wassermann», das heißt 300–330 Grad der Ekliptik, «hineinlaufen» und also niemals die Bewegungstendenzen dieses Zeichens stimulieren, sofern er solches überhaupt vermöchte.

Leider hat auch C. G. Jung die Idee der Astralmythologen von der Wanderung des Frühlingspunktes und seiner Zeitalter erzeugenden Funktion aufgegriffen. Er hat den Gedanken, daß mit Christi Geburt das «Fischezeitalter» begonnen habe, weil damals der Frühlingspunkt in das *Sternbild* pisces «gewandert» sei, mit dem reichen Symbolgut der «Fische» quasi untermauert.

Nach ihm hat die menschliche Seele archetypische Inhalte, die erst in ferner Zeit nach Verwirklichung streben, auf die Himmelsfiguren (der griechischen Sphäre) projiziert. Als dann «die Zeit erfüllt war», seien diese Inhalte verwirklichungsreif geworden, und eine Koinzidenz von Himmel und Seele trat ein. So entstanden – nach Jung – die Koinzidenzen zwischen dem «Eintritt» des Frühlingspunktes ins Sternbild pisces und Christi Geburt. (Der Frühlingspunkt deckte sich

optisch mit dem ersten Stern der griechischen Sternfigur pisces etwa um 150 v. Chr.)
Sehr viele Inhalte, die Jung bei der Betrachtung des Symbols «Fisch» in seinem Werk «Aion» gebracht hat, wurden aber seit alters *dem 12. Abschnitt der Sonnenbahn,* also dem *Zeichen* «Fische» zugedacht. In diesem Bezug wurde die «Fische»-Symbolik astrologischerseits völlig «legitim» mit Jesus Christus in Verbindung gebracht, weil bei seiner Geburt, das heißt im Jahre 7 auf 6 vor der Zeitrechnung, sichtbarlich eine dreimalige Konjunktion der beiden Großplaneten im 12. Sonnenbahnabschnitt «Fische» stattgefunden hatte. Diese dreimalige Begegnung des Saturn und Jupiter im Zeichen der «Fische» zur Zeit von Christi Geburt war ein außergewöhnliches Ereignis am Himmel. Im Sonnenbahnabschnitt «Fische» hatte eine solche Konjunktion seit 800 Jahren nicht mehr stattgefunden. Daß man im Morgenland diese Konjunktion erstaunt beobachtet hatte, zeigt ein Keilschrifttext aus dem Jahre 7 (Berlin, Altes Museum).
Die 3. Konjunktion von Saturn und Jupiter erfolgte zur Zeit der Jahreswende vom Jahre 7 zum Jahre 6. Der Eindruck dieser besonderen Konstellation ist uns auch von Matthäus überliefert worden: in der wunderbaren Geschichte der Weisen aus dem Morgenlande, die, weil sie den Stern gesehen (womit wohl die große Konjunktion in den «Fischen» gemeint war), sich auf die Suche nach dem neugeborenen König der Juden begaben. Die großen Konjunktionen sind von allen den Himmel beobachtenden Völkern stets beachtet worden. Da in Babylon Saturn als Stern der Juden galt und Jupiter als Königsstern, lag die Verknüpfung «König der Juden» für die Sternkundigen aus dem Morgenland sehr nahe.

Das Fisch-Symbol besitzt eine höchst polyvalente Aussagefähigkeit im Reich der Seele. Es findet sich in ältesten Kulten und im religiösen Brauchtum aller Hochkulturen. Seine Bedeutung ist widersprüchlich, in seiner Paradoxie schwer zu fassen und voll unauslotbarer Tiefe. In vorderasiatischen Vorstellungen war der Fisch Bringer und Hüter eines Wissens, das das Wissen des Menschen überstieg.
In der überlieferten astrologischen Bedeutung ist das christliche Kolorit unverkennbar. Es entstammt aber nicht einem Wissen um die christliche Zuordnung des «Fisches» zu Christus, sondern horoskopischer Erfahrung, die sich auch heute jedem bietet.
E. v. Xylander[80] macht zum Zeichen «Fische» die Angabe: «Es geht in diesem Zeichen um den überpersönlichen Lebenssinn, dessentwegen alles Persönliche geopfert werden muß. Auch die Liebe ist mehr ein metaphysisches Einswerden... Gewaltlosigkeit ist die einzig angemessene Haltung.»
So zeugt denn die Zuordnung des «Fische»-Symbols zu Christus einmal von einem Entsprechungserlebnis der Seele. Im Hintergrund aber steht das Numinose der Verbundenheit von «Großer Konjunktion» im Sonnenbahnabschnitt (dem Zeichen) «Fische», mit der gleichzeitigen Geburt des Jesus von Nazareth, der die Zeit erfüllte und der nach frühchristlicher Auffassung nicht nur der Fischer ist, der die Menschen zu ihrem Heil aus dem Meer der Dumpfheit herauszieht, sondern der Fisch selbst, der mit seinem Fleisch die Menschheit ernährt.
Das hier ins Sein getretene archetypische Geschehen geht weit über Zeitalter-Ideen hinaus, in welcher ein «Fischzeitalter» als abgeschlossen deklariert wurde.

Dennoch hat der so verbreitete Glaube an ein kommendes «Wassermannzeitalter» einen ernstzunehmenden psychologischen Hintergrund: Das entpersönlichte Zeitalter, das uns die Technisierung unseres Lebens zugebracht hat und das den Verlust so mancher Hochform des Menschlichen in der Folge hatte, hat im Glauben an ein kommendes, menschlicheres «Wassermannzeitalter» eine natürliche Gegenbewegung konstelliert.

Jedoch wirkt das Faktum, daß der Frühlingspunkt (Tagundnachtgleiche-Punkt) in optischen Bezug gesetzt werden kann zur symbolisch irrelevanten Fixsternfigur «Wassermann», die der antiken Himmelsbebilderung entstammt, in keiner Weise am Zustandekommen eines menschlicheren Zeitalters: Ein solches liegt ausschließlich in der Hand des Menschen.

Verzeichnis der Personen,
die zu Konstellationsbeispielen herangezogen wurden

Die Geburtsdaten entstammen biographischen oder lexikalischen Angaben oder dem 4bändigen Werk von Thomas Ring, «Astrologische Menschenkunde», a. a. O.

Adenauer, Konrad
(geb. 5. 1. 1876, 10.30 Uhr a. m., Köln, Standesamt)
Seite 165

Barlach, Ernst
(geb. 2. 1. 1870, Wedel, Holstein)
Seite 118

Bergner, Elisabeth
(geb. 22. 8. 1897, Wien)
Seite 107

Bismarck, Otto von
(geb. 1. 4. 1815, Schönhausen/Elbe, nach 1 Uhr p. m. Standesamt)
Seite 152

Braun, Wernher von
(geb. 23. 3. 1912, Wirsitz, Prov. Posen)
Seite 67

Brecht, Bert
(geb. 10. 2. 1898, Augsburg)
Seite 26

Busch, Wilhelm
(geb. 15. 4. 1832, Wiedensahl, Hannover)
Seite 68

Chagall, Marc
(geb. 7. 7. 1889, gregor., Witebsk)
Seite 70

Curie, Marie
(geb. 7. 11. 1867, Warschau)
Seiten 65, 67, 112

Friedrich II.
(geb. 24. 1. 1712, Berlin, zur Mittagsstunde, vgl. F. Kugler, «Geschichte Friedrich des Großen»)
Seiten 152, 153

Freud, Sigmund
(geb. 6. 5. 1856, Freiberg, Mähren, «ca. 8 Uhr abends»)
Seiten 26, 65, 168

Gandhi, Mahatma
(geb. 2. 10. 1869, Porbandor, Indien)
Seite 57

George, Stefan
(geb. 12. 7. 1868, 3 Uhr p. m., bei Bingen)
Seiten 57, 165

Goethe, Johann Wolfgang
(geb. 28. 8. 1749, Frankfurt am Main, 12 Uhr mittags)
Seiten 42, 73, 152 ff.

Grock (Clown), eigtl. Wettach
(geb. 10. 1. 1880, Reconvilier)
Seite 68
Grzimek, Bernhard
(geb. 24. 4. 1909, Neiße, Schlesien)
Seite 102
Heisenberg, Werner
(geb. 5. 12. 1901, Würzburg)
Seiten 65, 117
Hahn, Otto
(geb. 8. 3. 1879, Frankfurt am Main)
Seite 66
Hoffmann, E. T. A.
(geb. 24. 1. 1776, Königsberg, Pr.)
Seite 57
Huch, Ricarda
(geb. 18. 7. 1864, Braunschweig)
Seite 98
Johannes XXIII. (Papst)
(geb. 25. 11. 1881, bei Bergamo)
Seite 73
Joliot, Frédéric
(geb. 19. 3. 1900, Paris)
Seite 66
Joliot-Curie, Irène
(geb. 12. 9. 1897, Paris)
Seite 66
Jung, C. G.
(geb. 26. 7. 1875, Keßwil bei Romanshorn, 7.30 Uhr p. m.)
Seite 165
Jünger, Ernst
(geb. 29. 3. 1895, Heidelberg)
Seite 57

Kepler, Johannes
(geb. 27. 12. 1571, – gregor. 6. 1. 1572, Weil der Stadt
Seite 117
Kissinger, Henry
(geb. 27. 5. 1923, Fürth, 5.30 Uhr a. m. Standesamt)
Seiten 60, 103
Kosmonauten:
Armstrong (geb. 5. 8. 1930)
Seite 67
Bean (geb. 15. 3. 1932)
Seite 67
Collin (geb. 13. 10. 1931)
Seite 67
Conrad (geb. 2. 6. 1930)
Seite 67
Gagarin (geb. 9. 3. 1934)
Seite 67
Gordon (geb. 5. 10. 1929)
Seite 67
Kubin, Alfred
(geb. 10. 4. 1877, Leitmeritz, 4.30 Uhr p. m.)
Seiten 57, 76
Meitner, Lisa
(geb. 7. 11. 1878, Wien)
Seite 66
Mussolini, Benito
(geb. 29. 7. 1883, Predappio, 2 Uhr p. m.) eigne Angabe nach A. Rossato «Mussolini», Mailand 1923
Seite 152

Napoleon I.
  (geb. 15. 8. 1769, Ajaccio,
  Korsika). Wegen des genauen
  Geburtstages und der Stunde:
  vers onze heures du matin –
  vgl. A. L. v. Steiger, «Geburts-
  astrologie und Wissenschaft»,
  a. a. O.
  Seiten 152, 154
Oppenheimer, J. Robert
  (geb. 22. 4. 1904, New York)
  Seite 66
Picasso, Pablo
  (geb. 25. 10. 1881, Malaga)
  Seite 113 f.
Proust, Marcel
  (geb. 10. 7. 1871, Paris, gegen
  Mitternacht)
  Seite 97 f.
Rilke, Rainer Maria
  (geb. 4. 12. 1875, Prag,
  Mitternacht 3. auf 4.)
  Seiten 70, 71, 77, 115, 156 ff.
Ringelnatz, Joachim
  (Hans Bötticher)
  (geb. 7. 8. 1883, Wurzen
  bei Leipzig)
  Seite 68
Röntgen, Wilhelm Conrad
  (geb. 27. 3. 1845, Lennep)
  Seite 65
Schiller, Friedrich
  (geb. 10. 11. 1759, Marbach)
  Seiten 111, 112
Schneider, Rudi
  (geb. 27. 7. 1908, Braunau
  am Inn)
  Seite 72
Schneider, Willy
  (geb. 16. 5. 1903, Braunau
  am Inn)
  Seite 72
Steiner, Rudolf
  (geb. 27. 2. 1861, Kraljevec,
  Ungarn)
  Seite 73
Teilhard de Chardin, Pierre
  (geb. 1. 5. 1881, bei Clermont
  Ferrand, 7 Uhr a. m.)
  Seiten 70, 169 f.

Anmerkungen

[1] Ich verweise hier auf die umfassenden und genauen Literaturangaben von hellenistischer Zeit bis zu den Stellungnahmen unserer Tage im Werk des Bibliothekdirektors Wilhelm Knappich, «Geschichte der Astrologie», Frankfurt a. M., 1967.
[2] C. G. Jung, Briefe, 2. Band, Hg. Aniela Jaffé, Olten 1972.

[3] Veröffentlicht in «Vorformen der Zukunft», «Terra nova», München 1966, Hg. E. v. Dungern.

[4] Auch das bisher beste, umfassende psychologische Interpretationen gebende astrologische Standardwerk «Astrologische Menschenkunde» von Thomas Ring, 4 Bände, 1956–1973, kann sich vom Gedanken, daß astrologische Symbole für «systemgerechte» experimentelle Anordnungen verwendbar seien, nicht lösen.

[5] Gleichbedeutender Begriff wie Horoskop.

[6] Vgl. M. L. v. Franz, «Zahl und Zeit» – Psychologische Überlegungen zu einer Annäherung von Tiefenpsychologie und Physik, Stuttgart 1970.

[7] Eine Ephemeride enthält Tabellen vorausberechneter Örter der bewegten Himmelskörper unseres Sonnensystems für alle Tage. Sie gibt die Positionen dieser Himmelskörper in folgender Reihenfolge an: Sonne, Mond, Pluto, Neptun, Uranus, Saturn, Jupiter, Mars, Venus, Merkur. Ein Ephemeridenwerk besteht aus mehreren Bänden, die die Positionsangaben, etwa von 1850 an (O. W. Barth) bis in unsere Tage, enthalten.

[8] Vgl. die Bibliographie in «Jahrbuch für kosmobiologische Forschung», Bd. 2, Hg. H. A. Strauss, Augsburg 1929.

[9] Mitgeteilt von Aniela Jaffé in C. G. Jung, Briefe, Bd. 2, Olten 1972.

[10] Zu diesem Thema siehe Einfügung S. 46.

[11] Konjunktion heißt hier: Mars und Merkur befinden sich auf den Graden der Ekliptik gemessen, in gleicher Position.

[12] Schriften Theophrastus' von Hohenheim, genannt Paracelsus. Ausgewählt und herausgegeben von Hans Kayser, Leipzig 1921.

[13] Vgl. die Beschreibung der energetischen und inhaltlichen Aspekte des Saturn- und Jupitersymbols in «Kosmische Bedingtheit der Psyche», Weilheim 1968.

[14] H. A. Strauss – S. Strauß-Kloebe, «Die Astrologie des Joh. Kepler», Augsburg 1926.

[15] W. Pauli, «Der Einfluß archetypischer Vorstellungen auf die Bildung naturwissenschaftlicher Theorien bei Kepler», in Jung/Pauli, «Naturerklärung und Psyche», Zürich 1952.

[16] «Der Geist der Psychologie», Eranos-Jahrbuch 1946.

[17] Durch die Schreibweise der Planetensymbole mit Großbuchstaben wird der Leser erinnert, daß nicht der Planet als Himmelskörper gemeint ist.

[18] Frhr. v. Klöckler, «Grundlagen für die astrologische Deutung», Dresden 1926.
[19] H. A. Strauss, «Psychologie und astrologische Symbolik», Zürich 1953.
[20] a. a. O.
[21] Zur Frage der erlaubten Verknüpfung des «Planetenwesens» mit dem Wesen der antiken Gottheit gleichen Namens vgl. Strauß-Kloebe, «Über die Bedeutung des astrologischen Symbols», Eranos-Jahrbuch, Zürich 1934.
[22] Auf das Kapitel «MARS, das Trieb- und Dranghafte» in Astrologische Menschenkunde Bd. 1, Zürich 1956, sei hier besonders hingewiesen.
[23] Siehe Einfügung «Aspekte», S. 46.
[24] Siehe Einfügung «Aspekte», S. 49.
[25] Siehe Abb. 1.
[26] a. a. O.
[27] E. v. Xylander, Lehrgang der Astrologie, Zürich 1953.
[28] Als Aspekt-Beispiele werden in den weiteren Darlegungen um der Anschaulichkeit willen nur solche Aspekte herangezogen, die – entgegen der großzügigerern Handhabung in der Astrologie – ihre Winkelgenauigkeit nicht mehr als mit 5 Grad übersteigen.
[29] Zum Thema des «eingeordneten» SATURN vgl. Strauß-Kloebe, «Bedingtheit». Kapitel «Das astrologische Symbol und sein archetypischer Hintergrund», a. a. O.
[30] a. a. O.
[31] In seinem Werk «Psychologie und Alchemie», Olten 1972, bringt C. G. Jung reiches Material zum Wandlungscharakter des Mercurius.
[32] Siehe «Lichtwandel im Jahreslauf», S. 83.
[33] a. a. O.
[34] a. a. O.
[35] «Psychologische Typen», Kapitel Definitionen, Olten 1971.
[36] a. a. O.
[37] M. E. Winkel, «Kosmobiologie und Astrologie», in Jahrbuch für kosmobiologische Forschung, Bd. 2, Augsburg 1929.
[38] «Vom Stern im Fuße des Schlangenträgers», Auszug in Strauss, «Kepler», a. a. O.
[39] dito

[40] Max Knoll, «Endogene Rhythmen und biologische Zeit», Eranos-Jahrbuch, 1955 Zürich.
[41] a. a. O.
[42] I Ging, das Buch der Wandlungen. Aus dem Chinesischen verdeutscht und erläutert von Richard Wilhelm, Jena 1924.
[43] Wilhelm Knappisch, Geschichte der Astrologie, Frankfurt 1967.
[44] C. G. Jung, «Das Zeichen der Fische», in AION, Bd. 9/II, Olten 1976, u. a. O.
[45] Siehe S. 186 ff.
[46] Ihre Reihenfolge lautet: Widder, Stier, Zwillinge, Krebs, Löwe, Jungfrau, Waage, Skorpion, Schütze, Steinbock, Wassermann, Fische.
[47] Eine gekürzte Übersicht über die erfahrbaren Bewegungstendenzen der Tierkreiszeichen findet sich in meiner Arbeit «Kosmische Bedingtheit», a. a. O. Einige Wiederholungen grundsätzlicher Aussagen ließen sich hier nicht vermeiden.
[48] Vgl. hierzu das in einem späteren Kapitel über das «4. Feld» Gesagte: In Marcel Prousts Geburtsbild decken sich «Krebs» und «4. Feld» – ein Faktor, der an der Überbetonung des Haftenden mitwirkt.
[49] Wilhelm Knappich, a. a. O., teilt mit, daß der im 17. Jahrhundert lebende italienische Gelehrte Placidus de Titis, der die Astrologie naturwissenschaftlich zu fundieren versuchte, die Zwölferteilung des Tierkreises erklärte mit der Annahme proportional einander folgender Zonen, bedingt durch den Sonnenlauf.
[50] Bei Goethes Geburt befand sich der Sonnenbahnabschnitt «Skorpion» am Aszendenten – dem im Osten aufsteigenden Abschnitt der Ekliptik. Die Bewegungstendenzen des Aszendentenzeichens entsprechen einer sehr charakteristischen Note im Persönlichkeitsbild eines Menschen.
[51] Gilot/Lake, «Leben mit Picasso», München 1965.
[52] Hierzu vgl. auch Strauß-Kloebe, «Erscheinungsformen des Animus im weiblichen Seelenleben», in «Krisis und Zukunft der Frau», Hg. W. Bitter, Stuttgart 1962.
[53] Es möge bitte nie vergessen werden, daß die gebrachten Beispiele nur dazu dienlich sein sollen, den Klangkörper «innerer Tierkreis» in unsere Wahrnehmung zu rücken – einen Klangkörper, der jedem von uns mitgegeben ist. Persönlichkeitszeichnungen können nicht beabsichtigt sein.

[54] Vgl. Th. Ring, «Astrologische Menschenkunde», 2. Band, in welchem psychologische Assoziationen zu den Tierkreiszeichen in reichem Maße gebracht werden.

[55] Der Physiker Max Knoll hält das Thema: Einwirkungen der periodisch wechselnden Licht-Intensität der Sonne (mit ihrem Maximum und Minimum um die Solstitien) auf den Menschen, für untersuchenswert. «Wandlungen der Wissenschaft in unserer Zeit», in Eranos-Jahrbuch 1951, Zürich.

[56] Siehe Max Knoll, a. a. O.

[57] «Psychologische Typen», Olten 1971.

[58] «Kreisen des Lichtes», die Erfahrungen der Goldenen Blüte, Weilheim 1972.

[59] Auch Babylon beachtete schon die Punkte des Auf- und Untergangs auf dem Sichtkreis des Horizonts; vgl. Thomas Ring, «Astrologie ohne Aberglaube», Düsseldorf, Wien 1972.

[60] Die Bezeichnung «Häuser» stammt aus der antik-mittelalterlichen Vorstellung von Wohnorten personifiziert gesehener, himmlischer Kräfte. Sie ist teilweise noch heute im Gebrauch.

[61] Der Begriff «Felder» wird von einem Teil der Astrologen, die eine naturwissenschaftliche Fundierung ihrer Materie erstreben, im Sinne noch unbekannter physikalischer Realitäten verstanden, von den Psychologen unter den Astrologen aber als einen in Analogie gebrauchten Begriff, um menschliche Interessensphären in ihrem kosmischen Bezug zu fassen.

[62] Der frühere Name des Aszendenten war Horoscopos, «die Stunde anschauende Stelle des Tierkreises».

[63] Bereits v. Klöckler, a. a. O., wies auf die innere Beziehung von Tierkreiszeichen und Feldern hin.

[64] Es sei hier angemerkt, daß das Häuser-System in seinem Außen-Aspekt als Horizont-Meridian-System an den Erdpolen seine Gültigkeit verliert. Diese Tatsache ist für uns irrelevant, da unsere psychologische Arbeit mit dem gegebenen innerpsychischen Urmuster davon nicht betroffen ist. Zur Klärung der hier und im weiteren verwendeten Begriffe von Feldern verschiedener Qualität, die zwar als kosmopsychische Wirklichkeit erfahrbar, aber die nicht «lokalisierbar» sind, möchte ich eine Anregung des Psychotherapeuten G. R. Heyer heranziehen. In seiner Arbeit «Vom Kraftfeld

der Seele», Stuttgart 1949, setzt dieser sich für eine Anwendung des Feldbegriffes der Physiker im Sinne gegebener Analogien ein, und zwar als ein Mittel, die dynamische Struktur des Unbewußten besser aufschließen und die Gesetze der Instinkt- und Triebwelt besser ordnen zu können. Nach Heyers Auffassung stellt jeder Trieb und jeder Instinkt ein «Feld» im Unbewußten dar.

[65] «Revolution der Hoffnung», Stuttgart 1971.

[66] a. a. O.

[67] Der schon früher genannte Placidus lehrte im 17. Jahrhundert als Professor für Mathematik und Physik an den Universitäten Padua und Pavia.

[68] Über die Bedeutung der Dodekaoros in der Antike und in Ostasien vgl. Boll-Bezold, «Sternglaube und Sterndeutung», Leipzig-Berlin 1926.

[69] Vgl. die statistischen Arbeiten von Alexander L. v. Steiger, «Geburtsastrologie und Wissenschaft», in der Zeitschrift «Sterne und Mensch», 1930, und «Der jahreszeitliche Verlauf der Geburten in europäischen regierenden Fürstenhäusern des 19. Jahrhunderts», Archiv für soziale Hygiene und Demographie, Bd. 4, 1929.

[70] Zur Bedeutung dieser «großen Konjunktion» in der Nativität Teilhard de Chardins vgl. Strauß-Kloebe, «Kosmische Bedingtheit», a. a. O.

[71] «Psychologische Typen», a. a. O.

[72] Fritz Riemann, «Psychotherapie – heute» – Astrologie: Hilfe und eine neue Dimension für die analytische Arbeit? – Südd. Ztg., 26./27. 10. 1974.

[73] Zitat Riemann: «Der Patient kommt ja immer bereits überfremdet oder verformt durch seine Umwelt in die Behandlung. Es ist für uns oft sehr schwer, uns eine Vorstellung davon zu machen, wie ein Mensch ursprünglich angelegt ist.»

[74] Siehe den Hinweis auf das Buch von Xylander, S. 149.

[75] «Astrologie des Joh. Kepler», a. a. O.

[76] «Charakter und Schicksal» in «Vorformen der Zukunft», a. a. O.

[77] Vgl. das über Rilkes SATURN/MOND-Konstellation bei Behandlung der MOND-Funktion Gesagte.

[78] Vgl. Arthur Drews, «Der Sternhimmel in der Dichtung und Religion der alten Völker und des Christentums», Jena 1923.

[79] «Der Aufgang der Menschheit», 1928.

[80] a. a. O.